SERGIO
PINTO
MARTINS

ESTÁGIO E RELAÇÃO DE EMPREGO

20
25 SEXTA EDIÇÃO

Dados Internacionais de Catalogação na Publicação (CIP) de acordo com ISBD

M386e   Martins, Sérgio Pinto
       Estágio e relação de emprego / Sérgio Pinto Martins. - 6. ed. - Indaiatuba, SP : Editora Foco, 2025.

     124 p. ; 16cm x 23cm.

     Inclui bibliografia e índice.

     ISBN: 978-65-6120-302-9

     1. Direito. 2. Direito do trabalho. 3. Estágio. 4. Relação de emprego I. Título.

2025-438   CDD 344.01   CDU 349.2

Elaborado por Vagner Rodolfo da Silva - CRB-8/9410
Índices para Catálogo Sistemático:

     1. Direito do trabalho 344.01

     2. Direito do trabalho 349.2

SERGIO
PINTO
MARTINS

ESTÁGIO E RELAÇÃO DE EMPREGO

SEXTA EDIÇÃO

2025 © Editora Foco
Autor: Sergio Pinto Martins
Diretor Acadêmico: Leonardo Pereira
Editor: Roberta Densa
Coordenadora Editorial: Paula Morishita
Revisora Sênior: Georgia Renata Dias
Revisora Júnior: Adriana Souza Lima
Capa Criação: Leonardo Hermano
Diagramação: Ladislau Lima e Aparecida Lima
Impressão miolo e capa: META BRASIL

DIREITOS AUTORAIS: É proibida a reprodução parcial ou total desta publicação, por qualquer forma ou meio, sem a prévia autorização da Editora FOCO, com exceção do teor das questões de concursos públicos que, por serem atos oficiais, não são protegidas como Direitos Autorais, na forma do Artigo 8º, IV, da Lei 9.610/1998. Referida vedação se estende às características gráficas da obra e sua editoração. A punição para a violação dos Direitos Autorais é crime previsto no Artigo 184 do Código Penal e as sanções civis às violações dos Direitos Autorais estão previstas nos Artigos 101 a 110 da Lei 9.610/1998. Os comentários das questões são de responsabilidade dos autores.

NOTAS DA EDITORA:

Atualizações e erratas: A presente obra é vendida como está, atualizada até a data do seu fechamento, informação que consta na página II do livro. Havendo a publicação de legislação de suma relevância, a editora, de forma discricionária, se empenhará em disponibilizar atualização futura.

Erratas: A Editora se compromete a disponibilizar no site www.editorafoco.com.br, na seção Atualizações, eventuais erratas por razões de erros técnicos ou de conteúdo. Solicitamos, outrossim, que o leitor faça a gentileza de colaborar com a perfeição da obra, comunicando eventual erro encontrado por meio de mensagem para contato@editorafoco.com.br. O acesso será disponibilizado durante a vigência da edição da obra.

Impresso no Brasil (2.2025) – Data de Fechamento (2.2025)

2025
Todos os direitos reservados à
Editora Foco Jurídico Ltda.
Rua Antonio Brunetti, 593 – Jd. Morada do Sol
CEP 13348-533 – Indaiatuba – SP
E-mail: contato@editorafoco.com.br
www.editorafoco.com.br

TRABALHOS DO AUTOR

LIVROS

1. *Imposto sobre serviços – ISS*. São Paulo: Atlas, 1992.
2. *Direito da seguridade social*. 42. ed. São Paulo: Saraiva, 2024.
3. *Direito do trabalho*. 40. ed. São Paulo: Saraiva, 2024.
4. *A terceirização e o direito do trabalho*. 17. ed. São Paulo: Saraiva, 2019.
5. *Manual do ISS*. 10. ed. São Paulo: Saraiva, 2017.
6. *Participação dos empregados nos lucros das empresas*. 6. ed. Indaiatuba: Foco, 2025.
7. *Práticas discriminatórias contra a mulher e outros estudos*. São Paulo: LTr, 1996.
8. *Contribuição confederativa*. São Paulo: LTr, 1996.
9. *Medidas cautelares*. São Paulo: Malheiros, 1996.
10. *Manual do trabalho doméstico*. 15. ed. Indaiatuba: Foco, 2025.
11. *Tutela antecipada e tutela específica no processo do trabalho*. 4. ed. São Paulo: Atlas, 2013.
12. *Manual do FGTS*. 6. ed. Indaiatuba: Foco, 2025.
13. *Comentários à CLT*. 21. ed. São Paulo: Saraiva, 2018.
14. *Manual de direito do trabalho*. 11. ed. São Paulo: Saraiva, 2018.
15. *Direito processual do trabalho*. 39. ed. São Paulo: Saraiva, 2017.
16. *Contribuições sindicais*. 5. ed. São Paulo: Atlas, 2009.
17. *Contrato de trabalho de prazo determinado e banco de horas*. 4. ed. São Paulo: Atlas, 2002.
18. *Estudos de direito*. São Paulo: LTr, 1998.
19. *Legislação previdenciária*. 22. ed. São Paulo: Saraiva, 2016.
20. *Síntese de direito do trabalho*. Curitiba: JM, 1999.
21. *A continuidade do contrato de trabalho*. 3. ed. Indaiatuba: Foco, 2025.
22. *Flexibilização das condições de trabalho*. 7. ed. Indaiatuba: Foco, 2025.
23. *Legislação sindical*. São Paulo: Atlas, 2000.
24. *Comissões de conciliação prévia*. 3. ed. São Paulo: Atlas, 2008.
25. *Col. Fundamentos: direito processual do trabalho*. 21. ed. São Paulo: Saraiva, 2018.
26. *Instituições de direito público e privado*. 17. ed. São Paulo: Saraiva, 2017.
27. *Col. Fundamentos: direito do trabalho*. 19. ed. São Paulo: Saraiva, 2018.

28. *Col. Fundamentos: direito da seguridade social.* 17. ed. São Paulo: Saraiva, 2016.
29. *O pluralismo do direito do trabalho.* 3. ed. Indaiatuba: Foco, 2025.
30. *Greve no serviço público.* 3. ed. Indaiatuba: Foco, 2025.
31. *Execução da contribuição previdenciária na Justiça do Trabalho.* 5. ed. São Paulo: Saraiva, 2019.
32. *Manual de direito tributário.* 17. ed. São Paulo: Saraiva, 2018.
33. *CLT universitária.* 24. ed. São Paulo: Saraiva, 2018.
34. *Cooperativas de trabalho.* 8. ed. Indaiatuba: Foco, 2025.
35. *Reforma previdenciária.* 2. ed. São Paulo: Atlas, 2006.
36. *Manual da justa causa.* 8. ed. Indaiatuba: Foco, 2025.
37. *Comentários às súmulas do TST.* 16. ed. São Paulo: Saraiva, 2016.
38. *Constituição. CLT. Legislação previdenciária e legislação complementar.* 3. ed. São Paulo: Atlas, 2012.
39. *Dano moral decorrente do contrato de trabalho.* 6. ed. Indaiatuba: Foco, 2025.
40. *Profissões regulamentadas.* 2. ed. São Paulo: Atlas, 2013.
41. *Direitos fundamentais trabalhistas.* 2. ed. São Paulo: Atlas, 2015.
42. *Convenções da OIT.* 3. ed. São Paulo: Saraiva, 2016.
43. *Estágio e relação de emprego.* 6. ed. Indaiatuba: Foco, 2025.
44. *Comentários às Orientações Jurisprudenciais da SBDI-1 e 2 do TST.* 7. ed. São Paulo: Saraiva, 2016.
45. *Direitos trabalhistas do atleta profissional de futebol.* 2. ed. São Paulo: Saraiva, 2016.
46. *Prática trabalhista.* 8. ed. São Paulo: Saraiva, 2018.
47. *Assédio moral no emprego.* 6. ed. Indaiatuba: Foco, 2025.
48. Comentários à Lei n. 8.212/91. *Custeio da Seguridade Social.* São Paulo: Atlas, 2013.
49. Comentários à Lei n. 8.213/91. *Benefícios da Previdência Social.* São Paulo: Atlas, 2013.
50. *Prática previdenciária.* 3. ed. São Paulo: Saraiva, 2017.
51. *Teoria geral do processo.* 9. ed. São Paulo: Saraiva, 2024.
52. *Teoria geral do Estado.* 3. ed. São Paulo: Saraiva, 2024.
53. *Reforma trabalhista.* São Paulo: Saraiva, 2018.
54. *Introdução ao estudo do Direito.* 3ª ed. São Paulo: Saraiva, 2024.

ARTIGOS

1. A dupla ilegalidade do IPVA. *Folha de S.Paulo,* São Paulo, 12 mar. 1990. Caderno C, p. 3.
2. Descumprimento da convenção coletiva de trabalho. *LTr,* São Paulo, n. 54-7/854, jul. 1990.
3. *Franchising* ou contrato de trabalho? *Repertório IOB de Jurisprudência,* n. 9, texto 2/4990, p. 161, 1991.

4. A multa do FGTS e o levantamento dos depósitos para aquisição de moradia. *Orientador Trabalhista – Suplemento de Jurisprudência e Pareceres*, n. 7, p. 265, jul. 1991.
5. O precatório e o pagamento da dívida trabalhista da fazenda pública. *Jornal do II Congresso de Direito Processual do Trabalho*, p. 42. jul. 1991. (Promovido pela LTr Editora.)
6. As férias indenizadas e o terço constitucional. *Orientador Trabalhista Mapa Fiscal – Suplemento de Jurisprudência e Pareceres*, n. 8, p. 314, ago. 1991.
7. O guarda de rua contratado por moradores. Há relação de emprego? *Folha Metropolitana*, Guarulhos, 12 set. 1991, p. 3.
8. O trabalhador temporário e os direitos sociais. *Informativo Dinâmico IOB*, n. 76, p. 1.164, set. 1991.
9. O serviço prestado após as cinco horas em sequência ao horário noturno. *Orientador Trabalhista Mapa Fiscal – Suplemento de Jurisprudência e Pareceres*, n. 10, p. 414, out. 1991.
10. Incorporação das cláusulas normativas nos contratos individuais do trabalho. *Jornal do VI Congresso Brasileiro de Direito Coletivo do Trabalho e V Seminário sobre Direito Constitucional do Trabalho*, p. 43. nov. 1991. (Promovido pela LTr Editora.)
11. Adicional de periculosidade no setor de energia elétrica: algumas considerações. *Orientador Trabalhista Mapa Fiscal – Suplemento de Jurisprudência e Pareceres*, n. 12, p. 544, dez. 1991.
12. Salário-maternidade da empregada doméstica. *Folha Metropolitana*, Guarulhos, p. 7, 2-3 fev. 1992.
13. Multa pelo atraso no pagamento de verbas rescisórias. *Repertório IOB de Jurisprudência*, n. 1, texto 2/5839, p. 19, 1992.
14. Base de cálculo dos adicionais. *Orientador Trabalhista Mapa Fiscal – Suplemento de Legislação, Jurisprudência e Doutrina*, n. 2, p. 130, fev. 1992.
15. Base de cálculo do adicional de insalubridade. *Orientador Trabalhista Mapa Fiscal – Suplemento de Legislação, Jurisprudência e Doutrina*, n. 4, p. 230, abr. 1992.
16. Limitação da multa prevista em norma coletiva. *Repertório IOB de Jurisprudência*, n. 10, texto 2/6320, p. 192, 1992.
17. Estabilidade provisória e aviso-prévio. *Orientador Trabalhista Mapa Fiscal – Suplemento de Legislação, Jurisprudência e Doutrina*, n. 5, p. 279, maio 1992.
18. Contribuição confederativa. *Orientador Trabalhista Mapa Fiscal – Suplemento de Legislação, Jurisprudência e Doutrina*, n. 6, p. 320, jun. 1992.
19. O problema da aplicação da norma coletiva de categoria diferenciada à empresa que dela não participou. *Orientador Trabalhista Mapa Fiscal – Suplemento de Legislação, Jurisprudência e Doutrina*, n. 7, p. 395, jul. 1992.
20. Intervenção de terceiros no processo de trabalho: cabimento. *Jornal do IV Congresso Brasileiro de Direito Processual do Trabalho*, jul. 1992, p. 4. (Promovido pela LTr Editora.)
21. Relação de emprego: dono de obra e prestador de serviços. *Folha Metropolitana*, Guarulhos, 21 jul. 1992, p. 5.
22. Estabilidade provisória do cipeiro. *Orientador Trabalhista Mapa Fiscal – Suplemento de Legislação, Jurisprudência e Doutrina*, n. 8, p. 438, ago. 1992.

23. O ISS e a autonomia municipal. *Suplemento Tributário LTr*, n. 54, p. 337, 1992.
24. Valor da causa no processo do trabalho. *Suplemento Trabalhista LTr*, n. 94, p. 601, 1992.
25. Estabilidade provisória do dirigente sindical. *Orientador Trabalhista Mapa Fiscal – Suplemento de Legislação, Jurisprudência e Doutrina*, n. 9, p. 479, set. 1992.
26. Estabilidade no emprego do aidético. *Folha Metropolitana*, Guarulhos, 20-21 set. 1992, p. 16.
27. Remuneração do engenheiro. *Orientador Trabalhista Mapa Fiscal – Suplemento de Legislação, Jurisprudência e Doutrina*, n. 10, p. 524, out. 1992.
28. Estabilidade do acidentado. *Repertório IOB de Jurisprudência*, n. 22, texto 2/6933, p. 416, 1992.
29. A terceirização e suas implicações no direito do trabalho. *Orientador Trabalhista Mapa Fiscal – Legislação, Jurisprudência e Doutrina*, n. 11, p. 583, nov. 1992.
30. Contribuição assistencial. *Jornal do VII Congresso Brasileiro de Direito Coletivo do Trabalho e VI Seminário sobre Direito Constitucional do Trabalho*, nov. 1992, p. 5.
31. Descontos do salário do empregado. *Orientador Trabalhista Mapa Fiscal – Suplemento de Legislação, Jurisprudência e Doutrina*, n. 12, p. 646, dez. 1992.
32. Transferência de empregados. *Orientador Trabalhista Mapa Fiscal – Suplemento de Legislação, Jurisprudência e Doutrina*, n. 1, p. 57, jan. 1993.
33. A greve e o pagamento dos dias parados. *Orientador Trabalhista Mapa Fiscal – Suplemento de Legislação, Jurisprudência e Doutrina*, n. 2, p. 138, fev. 1993.
34. Auxílio-doença. *Folha Metropolitana*, Guarulhos, 30 jan. 1993, p. 5.
35. Salário-família. *Folha Metropolitana*, Guarulhos, 16 fev. 1993, p. 5.
36. Depósito recursal. *Repertório IOB de Jurisprudência*, n. 4, texto 2/7239, p. 74, fev. 1993.
37. Terceirização. *Jornal Magistratura & Trabalho*, n. 5, p. 12, jan. e fev. 1993.
38. Auxílio-natalidade. *Folha Metropolitana*, Guarulhos, 9 mar. 1993, p. 4.
39. A diarista pode ser considerada empregada doméstica? *Orientador Trabalhista Mapa Fiscal – Suplemento Trabalhista Mapa Fiscal – Suplemento de Legislação, Jurisprudência e Doutrina*, n. 3/93, p. 207.
40. Renda mensal vitalícia. *Folha Metropolitana*, Guarulhos, 17 mar. 1993, p. 6.
41. Aposentadoria espontânea com a continuidade do aposentado na empresa. *Jornal do Primeiro Congresso Brasileiro de Direito Individual do Trabalho*, 29 e 30 mar. 1993, p. 46-47. (Promovido pela LTr Editora.)
42. Relação de emprego e atividades ilícitas. *Orientador Trabalhista Mapa Fiscal – Suplemento de Legislação, Jurisprudência e Doutrina*, n. 5/93, p. 345.
43. Conflito entre norma coletiva do trabalho e legislação salarial superveniente. *Revista do Advogado*, n. 39, p. 69, maio 1993.
44. Condição jurídica do diretor de sociedade em face do direito do trabalho. *Orientador Trabalhista Mapa Fiscal – Suplemento de Legislação, Jurisprudência e Doutrina*, n. 6/93, p. 394.
45. Equiparação salarial. *Orientador Trabalhista Mapa Fiscal – Suplemento de Legislação, Jurisprudência e Doutrina*, n. 7/93, p. 467.

46. Dissídios coletivos de funcionários públicos. *Jornal do V Congresso Brasileiro de Direito Processual do Trabalho*, jul. 1993, p. 15. (Promovido pela LTr Editora.)

47. Contrato coletivo de trabalho. *Orientador Trabalhista Mapa Fiscal – Suplemento de Legislação, Jurisprudência e Doutrina*, n. 8/93, p. 536.

48. Reintegração no emprego do empregado aidético. *Suplemento Trabalhista LTr*, n. 102/93, p. 641.

49. Incidência da contribuição previdenciária nos pagamentos feitos na Justiça do Trabalho. *Orientador Trabalhista Mapa Fiscal – Suplemento de Legislação, Jurisprudência e Doutrina*, n. 9/93, p. 611.

50. Contrato de trabalho por obra certa. *Orientador Trabalhista Mapa Fiscal – Suplemento de Legislação, Jurisprudência e Doutrina*, n. 10/93, p. 674.

51. Autoaplicabilidade das novas prestações previdenciárias da Constituição. *Revista de Previdência Social*, n. 154, p. 697, set. 1993.

52. Substituição processual e o Enunciado 310 do TST. *Orientador Trabalhista Mapa Fiscal – Suplemento de Legislação, Jurisprudência e Doutrina*, n. 11/93, p. 719.

53. Litigância de má-fé no processo do trabalho. *Repertório IOB de Jurisprudência*, n. 22/93, texto 2/8207, p. 398.

54. Constituição e custeio do sistema confederativo. *Jornal do VIII Congresso Brasileiro de Direito Coletivo do Trabalho e VII Seminário sobre Direito Constitucional do Trabalho*, nov. 1993, p. 68. (Promovido pela LTr Editora.)

55. Participação nos lucros. *Orientador Trabalhista Mapa Fiscal – Suplemento de Legislação, Jurisprudência e Doutrina*, n. 12/93, p. 778.

56. Auxílio-funeral. *Folha Metropolitana*, Guarulhos, 22-12-1993, p. 5.

57. Regulamento de empresa. *Orientador Trabalhista Mapa Fiscal – Suplemento de Legislação, Jurisprudência e Doutrina*, n. 1/94, p. 93.

58. Aviso-prévio. *Orientador Trabalhista Mapa Fiscal – Suplemento de Legislação, Jurisprudência e Doutrina*, n. 2/94, p. 170.

59. Compensação de horários. *Orientador Trabalhista Mapa Fiscal – Suplemento de Legislação, Jurisprudência e Doutrina*, n. 3/94, p. 237.

60. Controle externo do Judiciário. *Folha Metropolitana*, Guarulhos, 10-3-1994, p. 2; *Folha da Tarde*, São Paulo, 26-3-1994, p. A2.

61. Aposentadoria dos juízes. *Folha Metropolitana*, Guarulhos, 11-3-1994, p. 2; *Folha da Tarde*, São Paulo, 23-3-1994, p. A2.

62. Base de cálculo da multa de 40% do FGTS. *Jornal do Segundo Congresso Brasileiro de Direito Individual do Trabalho*, promovido pela LTr, 21 a 23-3-1994, p. 52.

63. Denunciação da lide no processo do trabalho. *Repertório IOB de Jurisprudência*, n. 7/94, abril de 1994, p. 117, texto 2/8702.

64. A quitação trabalhista e o Enunciado n. 330 do TST. *Orientador Trabalhista Mapa Fiscal – Suplemento de Legislação, Jurisprudência e Doutrina*, n. 4/94, p. 294.

65. A indenização de despedida prevista na Medida Provisória n. 457/94. *Repertório IOB de Jurisprudência*, n. 9/94, p. 149, texto 2/8817.
66. A terceirização e o Enunciado n. 331 do TST. *Orientador Trabalhista Mapa Fiscal – Suplemento de Legislação, Jurisprudência e Doutrina*, n. 5/94, p. 353.
67. Superveniência de acordo ou convenção coletiva após sentença normativa – prevalência. *Orientador Trabalhista Mapa Fiscal – Suplemento de Legislação, Jurisprudência e Doutrina*, n. 6/94, p. 386.
68. Licença-maternidade da mãe adotiva. *Orientador Trabalhista Mapa Fiscal – Suplemento de Legislação, Jurisprudência e Doutrina*, n. 7/94, p. 419.
69. Medida cautelar satisfativa. *Jornal do 6º Congresso Brasileiro de Direito Processual do Trabalho*, promovido pela LTr nos dias 25 a 27-7-1994, p. 58.
70. Estabelecimento prestador do ISS. *Suplemento Tributário LTr*, n. 35/94, p. 221.
71. Turnos ininterruptos de revezamento. *Orientador Trabalhista Mapa Fiscal – Suplemento de Legislação, Jurisprudência e Doutrina*, n. 8/94, p. 468.
72. Considerações em torno do novo Estatuto da OAB. *Repertório IOB de Jurisprudência*, n. 17/94, set. 1994, p. 291, texto 2/9269.
73. Diárias e ajudas de custo. *Orientador Trabalhista Mapa Fiscal – Suplemento de Legislação, Jurisprudência e Doutrina*, n. 9/94, p. 519.
74. Reajustes salariais, direito adquirido e irredutibilidade salarial. *Orientador Trabalhista Mapa Fiscal – Suplemento de Legislação, Jurisprudência e Doutrina*, n. 10/94, p. 586.
75. Os serviços de processamento de dados e o Enunciado n. 239 do TST. *Orientador Trabalhista Mapa Fiscal – Suplemento de Legislação, Jurisprudência e Doutrina*, n. 11/94, p. 653.
76. Desnecessidade de depósito administrativo e judicial para discutir o crédito da seguridade social. *Orientador Trabalhista Mapa Fiscal – Suplemento de Legislação, Jurisprudência e Doutrina*, n. 12/94, p. 700.
77. Número máximo de dirigentes sindicais beneficiados com estabilidade. *Repertório IOB de Jurisprudência*, n. 24/94, dezembro de 1994, p. 408, texto 2/9636.
78. Participação nos lucros e incidência da contribuição previdenciária. *Revista de Previdência Social*, n. 168, nov. 1994, p. 853.
79. Proteção do trabalho da criança e do adolescente – considerações gerais. *BTC – Boletim Tributário Contábil – Trabalho e Previdência*, dez. 1994, n. 51, p. 625.
80. Critérios de não discriminação no trabalho. *Orientador Trabalhista Mapa Fiscal – Suplemento de Legislação, Jurisprudência e Doutrina*, n. 1/95, p. 103.
81. Embargos de declaração no processo do trabalho e a Lei n. 8.950/94 que altera o CPC. *Repertório IOB de Jurisprudência*, n. 3/95, fev. 1995, texto 2/9775, p. 41.
82. Empregado doméstico – Questões polêmicas. *Orientador Trabalhista Mapa Fiscal – Suplemento de Legislação, Jurisprudência e Doutrina*, n. 2/95, p. 152.
83. Não concessão de intervalo para refeição e pagamento de hora extra. *Orientador Trabalhista Mapa Fiscal – Suplemento de Legislação, Jurisprudência e Doutrina*, n. 3/95, p. 199.

84. Lei altera artigo da CLT e faz prover conflitos. *Revista Literária de Direito*, mar./abr. 1995, p. 13.
85. Empregados não sujeitos ao regime de duração do trabalho e o art. 62 da CLT. *Orientador Trabalhista Mapa Fiscal – Suplemento de Legislação, Jurisprudência e Doutrina*, n. 4/95, p. 240.
86. A Justiça do Trabalho não pode ser competente para resolver questões entre sindicato de empregados e empregador. *Revista Literária de Direito*, maio/jun. 1995, p. 10.
87. Minutos que antecedem e sucedem a jornada de trabalho. *Orientador Trabalhista Mapa Fiscal – Suplemento de Legislação, Jurisprudência e Doutrina*, n. 5/95, p. 297.
88. Práticas discriminatórias contra a mulher e a Lei n. 9.029/95. *Repertório IOB de Jurisprudência*, n. 11/95, jun. 1995, p. 149, texto 2/10157.
89. Conflito entre a nova legislação salarial e a norma coletiva anterior. *Orientador Trabalhista Mapa Fiscal – Suplemento de Legislação, Jurisprudência e Doutrina*, n. 6/95, p. 362.
90. Imunidade tributária. *Suplemento Tributário LTr*, 34/95, p. 241.
91. Cogestão. *Revista do Tribunal Regional do Trabalho da 8ª Região*, v. 28, n. 54, jan./jun. 1995, p. 101.
92. Licença-paternidade. *Orientador Trabalhista Mapa Fiscal – Suplemento de Legislação, Jurisprudência e Doutrina*, n. 7/95, p. 409.
93. Embargos de declaração. *Jornal do VII Congresso Brasileiro de Direito Processual de Trabalho*, São Paulo: LTr, 24 a 26 jul. 1995, p. 54.
94. Reforma da Constituição e direitos previdenciários. *Jornal do VIII Congresso Brasileiro de Previdência Social*, n. 179, out. 1995, p. 723.
95. Ação declaratória incidental e coisa julgada no processo do trabalho. *Suplemento Trabalhista LTr 099/95*, p. 665 e *Revista do TRT da 8ª Região*, Belém, v. 28, n. 55, jul./dez. 1995, p. 39.

SUMÁRIO

TRABALHOS DO AUTOR V
    Livros V
    Artigos VI

NOTA DO AUTOR XVII

1. INTRODUÇÃO 1

2. HISTÓRICO 3

3. CONCEITO 7
    3.1 Denominação 7
    3.2 Concepção 7

4. DISTINÇÃO 9
    4.1 Empregado 9
    4.2 Empregado em domicílio 9
    4.3 Aprendiz 10

5. NATUREZA JURÍDICA 11

6. CLASSIFICAÇÃO 13

7. CARACTERÍSTICAS 15
    7.1 Atributos 15
    7.2 Requisitos 16

8. VANTAGENS E DESVANTAGENS 17

9. INSTITUIÇÃO DE ENSINO 19

10. CONCEDENTES 21

11. NÚMERO MÁXIMO DE ESTAGIÁRIOS 23

12. AGENTE DE INTEGRAÇÃO 25

13. ESTÁGIO 27
    13.1 Estagiário 27
    13.2 Estudantes estrangeiros 28

14. ESPÉCIES DE ESTÁGIO 31
    14.1 Sistemas de ensino 31
    14.2 Espécies de estágio 31

15. ESTAGIÁRIOS DE DIREITO 33

16. RESIDÊNCIA MÉDICA 35

17. COMPROMISSO 39

18. LOCAL DO ESTÁGIO 43

19. REQUISITOS PARA A CONFIGURAÇÃO DO ESTÁGIO 45

20. NECESSIDADE DE MONITORAMENTO 53

21. PRAZO 57

22. BOLSA 59

23. JORNADA 63

24. ECESSO 67

25. AUXÍLIO-TRANSPORTE 71

26. SEGURO 73

27. SEGURANÇA E SAÚDE NO TRABALHO 75
    27.1 Considerações iniciais 75
    27.2 Trabalho em condições gravosas 76

28. FISCALIZAÇÃO 79
    28.1 Considerações iniciais 79
    28.2 Anotação em CTPS 79

29. MULTA 81

30. COMPETÊNCIA 83

31. PRORROGAÇÃO DE ESTÁGIOS ANTERIORES 85

32. SEGURADO DA PREVIDÊNCIA SOCIAL 87

33. NECESSIDADE DE REGULAMENTAÇÃO 89

34. DIREITO ESTRANGEIRO 91

35. CONCLUSÕES 93

MODELOS	95
Termo de Compromisso	95
Termo de Convênio para a Realização de Estágio de Estudantes	97
REFERÊNCIAS	101
ÍNDICE REMISSIVO	103

NOTA DO AUTOR

Não era meu objetivo fazer um livro sobre estágio.

Já tinha feito um artigo sobre o tema em setembro de 1996 e até proferido palestra na Faculdade Toledo, de Presidente Prudente, em 2001.

Entretanto, em decorrência da edição da Lei n. 11.788/2008, tive de alterar o texto que tinha para o meu livro *Direito do trabalho*. Houve muitas alterações. Alguns trechos tiveram que ser refeitos.

Tinha escrito dois artigos sobre a nova lei do estágio.

À medida que ia estudando o assunto, meu texto ia ficando muito grande. Incluí jurisprudência sobre o tema. O texto ficou extenso e muito minucioso, razão pela qual resolvi publicá-lo na forma de livro, pois tem vários detalhes que não podem ser incluídos num curso, além da necessidade da divisão em capítulos para que o livro se torne mais didático e inteligível.

Não encontrei muitos livros sobre o tema na vigência da Lei n. 6.494/77. Espero ter acertado em suprir a referida lacuna na vigência da Lei n. 11.788/2008.

As considerações feitas nesta 6ª edição são decorrentes de atualizações e melhoras no texto do livro.

1
INTRODUÇÃO

O objetivo do presente trabalho é estudar a nova lei do estágio (Lei n. 11.788/2008).

O tema é importante, tanto pela dificuldade das empresas em implantar o estágio quanto pelas dúvidas que gera.

Muitos escritórios de advocacia e empresas simplesmente dispensaram ou não contrataram estagiários quando surgiu a Lei n. 11.788/2008.

Verifico que as escolas também não se prepararam para aplicar a referida lei, tratando do tema como se fosse na vigência da Lei n. 6.494/77.

Lembro-me de uma vez que fui fazer palestra na Unip de São Paulo sobre dano moral, logo após a vigência da Lei n. 11.788/2008. As perguntas que me fizeram na palestra foram muito mais sobre o estágio do que sobre o tema a que me propus falar. Entre os alunos, o assunto sempre provoca muita curiosidade e debate.

Vou analisar as principais alterações da lei n.º 11.788/2008 fazendo, inclusive, comparações com a lei anterior (Lei n. 6.494/77).

A leitura e a compreensão da lei parecem ser simples, mas à medida que se vai analisando a referida norma verifica-se que o simples pode se tornar complexo. Certas matérias são difíceis de ser interpretadas. Questões que a princípio não estariam incluídas na lei passam a estar previstas no seu texto. Outras não foram previstas pelo legislador, mas deveriam ter sido.

Não existem muitos artigos sobre o tema, talvez em razão da dificuldade de analisar a lei. Muitos dos artigos tocam em alguns pontos, mas não em outros. Cada um analisa o estágio em relação a um certo tópico; talvez aquele que lhe pareça ser mais importante ou que cause mais dúvidas.

Em primeiro lugar, será apresentada a evolução histórica do estágio.

O estudo do estágio deve ser feito a partir de sua denominação, conceito e distinção. Serão feitas diferenciações em relação ao empregado, ao empregado em domicílio e ao aprendiz.

O estágio também deve ser analisado pela sua natureza jurídica.

A própria Lei n. 11.788/2008 estabelece classificação em relação ao estágio. São indicadas também as características do estágio, seus requisitos objetivos e subjetivos e as vantagens e as desvantagens do instituto.

A Lei n. 11.788/2008 é mais clara em relação às atribuições da instituição de ensino do que em relação a quem concede o estágio e ao agente de integração. Logo, não é o caso de se estudar apenas o estagiário e as espécies de estágio, como também foi feito.

Assunto que volta a ser discutido é se a Lei n. 11.788/2008 é aplicável ao estagiário de Direito e ao médico residente.

O compromisso também passa a ser melhor explicitado na Lei n. 11.788/2008, assim como a necessidade de monitoramento do estagiário.

A bolsa passa a ser tratada de forma diferente da maneira tratada na Lei n. 6.494/77. Há dúvida a respeito de ela ser facultativa ou obrigatória.

A jornada do estagiário também é melhor apresentada na Lei n. 11.788/2008. Essa lei também cria o recesso do estagiário, que precisa ser estudado se é igual às férias do empregado e se é possível aplicar a CLT nas lacunas da referida norma.

O seguro contra acidentes pessoais também é tratado de forma diferenciada pela Lei n. 11.788/2008, assim como passa a haver previsão expressa a respeito de auxílio-transporte.

A observância de normas de segurança e saúde no trabalho é expressa na Lei n. 11.788/2008. Isso remete à CLT, mas é preciso saber se tudo pode ser aplicado ao estagiário, inclusive o pagamento de adicionais de insalubridade, periculosidade, noturno etc. Talvez, nesse ponto, a Lei n. 11.788/2008 traga maiores problemas de interpretação e de aplicação.

É preciso regulamentar a Lei n. 11.788/2008, como se fez com a Lei n. 6.494/77? Esse aspecto será respondido no Capítulo 33.

Nos casos em que foi encontrada, foi feita referência à jurisprudência sobre o respectivo assunto. A jurisprudência indicada tem fundamento na Lei n. 6.494/77, mas foi mostrado que o raciocínio pode ser usado na vigência da Lei n. 11.788/2008.

A Cartilha do Ministério do Trabalho e Emprego não esclarece todas as dúvidas sobre o tema. Assim, procurei tentar respondê-las.

2
HISTÓRICO

O Decreto n. 20.294, de 12 de agosto de 1931, estabeleceu no art. 4º que a Sociedade Nacional de Agricultura, mediante acordo com o Ministério da Agricultura, admitiria nas escolas alunos estagiários, recebendo dotação anual por aluno matriculado.

As Leis Orgânicas de Ensino Industrial (Decreto-Lei n. 4.073/42) e Comercial (Decreto-Lei n. 6.141/43) faziam referência a "trabalhos escolares", como instrumento de formação e de complementação do ensino.

Não existia uma regra legal tratando do estágio, havia apenas a Portaria n. 1.002, de 29 de setembro de 1967, baixada pelo Ministro do Trabalho e Previdência Social, Jarbas Passarinho. Disciplinava a relação entre as empresas e os estagiários, no que diz respeito aos seus direitos e obrigações. O art. 3º da citada portaria explicitava que "os estagiários contratados através de Bolsas de Complementação Educacional não terão, para quaisquer efeitos, vínculo empregatício com as empresas, cabendo a estas apenas o pagamento da Bolsa, durante o período do estágio".

Não existia, portanto, relação de emprego entre as partes. Ao estagiário seria fornecida Carteira Profissional de Estagiário, expedida pelo Ministério do Trabalho, mediante declaração firmada pelo diretor do estabelecimento de ensino interessado (art. 6º). A Portaria, em muitos casos, criava direitos e obrigação não previstos em lei, violando o princípio da legalidade[1]. A Portaria também não poderia dizer que não havia vínculo de emprego[2], por falta de previsão nesse sentido em lei. A situação seria fática, de se verificar os requisitos do contrato de trabalho para saber se haverá ou não vínculo de emprego.

Julpiano Chaves Cortez afirma que a portaria poderia ser mais abrangente, incluindo outros locais para o trabalho, como escritórios e consultórios de profissionais liberais que não estivessem estruturados como pessoa jurídica. Seria uma forma de aumentar o campo da aprendizagem e a economia do país[3].

---

1. No mesmo sentido: SAAD, Eduardo Gabriel. *Consolidação das leis do trabalho comentada*. 10. ed. São Paulo: LTr, 1977, p. 143-147.
2. DONATO, Messias Pereira. *Curso de direito do trabalho*. 2. ed. São Paulo: Saraiva, p. 55.
3. CORTEZ, Julpiano Chaves. *O estágio de estudantes na empresa*: comentários à Lei n. 6.494/77 e ao Decreto n. 87.497. São Paulo: LTr, 1984, p. 17.

O Decreto n. 66.546, de 11 de maio de 1970, teve a finalidade de permitir a implantação de programas de estágios "destinados a proporcionar a estudantes do sistema de ensino superior de áreas prioritárias, especialmente as de engenharia, tecnologia, economia e administração, a oportunidade de praticar em órgãos e entidades públicos e privados o exercício de atividades pertinentes às respectivas especialidades".

A Lei n. 5.692, de 11 de agosto de 1971, determinou regras sobre diretrizes e bases para o ensino de 1º e 2º graus, prevendo o estágio como forma de cooperação entre empresas e escola (art. 6º). O parágrafo único do art. 6º mencionava que "o estágio não acarreta para as empresas nenhum vínculo de emprego, mesmo que se remunere o aluno estagiário, e suas obrigações serão apenas as especificadas no convênio feito com o estabelecimento".

O Decreto n. 69.927, de 13 de janeiro de 1972, que criou o Programa Bolsa de Trabalho, determinou no art. 9º que haverá direta e necessária relação entre a formação escolar seguida pelo estudante e as tarefas que lhe forem cometidas no órgão ou entidade onde preste serviços, para que seja considerado estagiário, sem vínculo de emprego.

O Decreto n. 75.778, de 26 de maio de 1975, disciplinou o estágio de estudantes de estabelecimento em ensino superior e de ensino profissionalizante de segundo grau, perante o serviço público federal.

O estágio foi regulado pela Lei n. 6.494, de 7 de dezembro de 1977. Foi regulamentada a referida norma pelo Decreto n. 84.497, de 18 de agosto de 1982. Parece que, em muitos pontos, a lei copiou o que estava na Portaria n. 1.002/67.

José Affonso Dallegrave Neto criticava a última lei, dizendo que:

> o estágio a que se refere a Lei n. 6.494/77 não exige correlação entre o currículo escolar e atividade empresarial. Devendo a lei ser interpretada de acordo com o fim a que se destina, estando a finalística da Lei n. 6.494/77, estampada no art. 2º do art. 1º (... a fim de se constituírem em instrumento de integração, em termos de treinamento prático de aperfeiçoamento técnico-cultural, científico e de relacionamento humano), à percepção da preocupação do legislador de ensejar meios para o aumento do conhecimento sociocultural do estudante, sua participação em atividade laborativa com outras pessoas dando-lhe vivência, experiência e propiciando relacionamento humano fora dos ambientes residência-escola, constata-se que o estágio obediente àquela norma legal não mascara e/ou caracteriza relação de emprego; reafirmação de que na escola da vida o aprendizado é eficaz[4].

---

4. DALLEGRAVE NETO, José Affonso. *Inovações na legislação trabalhista*: reforma trabalhista ponto a ponto. São Paulo: LTr, 2002, p. 182.

A Lei n. 6.494/77 não era tão rígida, proporcionando a contratação de muitos estagiários em fraude à lei, pois preenchiam os requisitos do contrato de trabalho. Na prática, o que existia era um subemprego aberto e disfarçado[5].

Algumas empresas já concediam alguns direitos aos estagiários, além dos previstos em lei – Fininvest: férias remuneradas ao final de um ano; New Holland: 13º salário e férias anuais; White Martins: férias anuais e gratificação de Natal; Clariant: férias remuneradas a cada seis meses; Dow Química: licença remunerada após um ano de estágio; Microsoft do Brasil: férias remuneradas após um ano de estágio[6].

O Banco do Brasil concedia: bolsa-auxílio a título de remuneração de 1/3 do valor do salário-base da categoria; vale-alimentação de 22 tíquetes por mês; faltas abonadas, sem prejuízo do valor da bolsa-auxílio e da quantidade do vale-alimentação; descanso de 15 minutos. O estágio tem jornada de cinco horas. Em caso de digitação, o descanso é de 10 minutos a cada 50 minutos de atividade; hora noturna entre as 22 horas e as 5 horas de 52 minutos e 30 segundos; módulo semanal de cinco dias de trabalho; é possível variar o dia de descanso, observada a conveniência do banco e desde que de comum acordo com o estagiário; é permitido o estágio em feriado, fazendo jus o estudante à percepção adicional de dia de bolsa-auxílio.

A Lei n. 6.932/81 prevê a residência médica como modalidade de pós-graduação, dispondo que o médico residente é contribuinte individual para fins da Previdência Social (§ 1º do art. 4º).

A Lei n. 8.859, de 23 de março de 1994, alterou dispositivos da Lei n. 6.494/77, especialmente fazendo referência a alunos especiais e alterando o § 3º do art. 1º para determinar a necessidade do planejamento, acompanhamento e avaliação do estágio em conformidade com os currículos, programas e calendários.

O art. 82 da Lei n. 9.394, de 20 de dezembro de 1996, permitia às instituições de ensino o direito de editar normas disciplinadoras do estágio no ensino médio ou superior: "os sistemas de ensino estabelecerão as normas para realização dos estágios dos alunos regularmente matriculados no ensino médio e superior em sua jurisdição e que os estágios realizados nas condições deste artigo não estabelecem vínculo de emprego, podendo o estagiário receber bolsa, estar segurado contra acidentes e ter a cobertura previdenciária prevista na legislação específica".

---

5. SANTOS, Juscelindo Vieira. *Contrato de estágio*: subemprego aberto e disfarçado. São Paulo: LTr, 2006.
6. SANTOS, Juscelindo Vieira. *Contrato de estágio*: subemprego aberto e disfarçado. São Paulo: LTr, 2006. p. 45.

O art. 6º da Medida Provisória n. 2.164-41/2001 alterou o § 1º do art. 1º da Lei n. 6.494, de 7 de dezembro de 1977: "Os alunos a que se refere o *caput* deste artigo devem, comprovadamente, estar frequentando cursos de educação superior, de ensino médio, de educação profissional de nível médio ou superior ou escolas de educação especial".

Não mais permitia o estágio em cursos supletivos. As Medidas Provisórias n. 1.952-24, de 26 de maio de 2000, e 2.164-41, de 24 de agosto de 2001, foram editadas, ao todo, 65 vezes.

O governo federal enviou proposição à Câmara dos Deputados, dando origem ao PLC n. 44/2007. Tramitava outro projeto de lei sobre a matéria, de autoria do Senador Osmar Dias (n. 473/2003). Ambos os projetos passaram a tramitar de forma conjunta. No Senado Federal, foi aprovado o Projeto Substitutivo ao PLC n. 473/2003, em 6 de novembro de 2007, ficando prejudicado o PLC n. 44/2007.

A Senadora Ideli Salvatti afirmou em seu parecer que "nem sempre os objetivos dos estágios como ato educativo estejam sendo alcançados e, muitas vezes os estudantes são submetidos a atividades repetitivas que caracterizariam um barateamento da força de trabalho, indesejável para a formação escolar e para a vida cidadã".

Mediante acordo de lideranças, em 25 de setembro de 2008, o Projeto de Lei foi aprovado, dando origem à Lei n. 11.788. O projeto que passou era o mais velho. Entre os projetos, era o melhor para ser aprovado.

A Lei n. 11.788, de 25 de setembro de 2008, passou a tratar do estágio dos estudantes, revogando expressamente as Leis n. 6.494/77, 8.859/94 e o art. 6º da Medida Provisória n. 2.164-41 (art. 22).

3
CONCEITO

3.1 DENOMINAÇÃO

Em espanhol, o estagiário é denominado *becario*.
Em francês, é chamado *stagiaire*.
Em italiano, é usada a palavra *stagista*.
Em inglês, usa-se a palavra *trainee*.

3.2 CONCEPÇÃO

Dispunha o art. 2º do Decreto n. 87.497/82 que o estágio curricular compreendia "as atividades de aprendizagem social, profissional e cultural, proporcionadas ao estudante pela participação em situações reais de vida e trabalho de seu meio, sendo realizada na comunidade em geral e junto a pessoas jurídicas de direito público ou privado, sob a responsabilidade e coordenação de instituição de ensino".

Esclarecia o art. 3º da mesma norma que o estágio curricular era um "procedimento didático-pedagógico", de competência da instituição de ensino a quem cabia a decisão sobre a matéria.

Reza o art. 1º da Lei n. 11.788/2008 que estágio "é ato educativo escolar supervisionado, desenvolvido no ambiente de trabalho, que visa à preparação para o trabalho produtivo de educandos que estejam frequentando o ensino regular em instituições de educação superior, de educação profissional, de ensino médio, da educação especial e dos anos finais do ensino fundamental, na modalidade profissional da educação de jovens e adultos".

Estágio é o negócio jurídico celebrado entre o estagiário e o concedente, sob a supervisão da instituição de ensino, mediante subordinação ao primeiro, visando a sua educação profissional.

O estágio é, portanto, considerado ato educativo escolar. É uma forma de integração entre o que a pessoa aprende na escola e aplica na prática na empresa.

Faz parte o estágio do projeto pedagógico do curso, além de integrar o itinerário formativo do educando (§ 1º do art. 1º da Lei n. 11.788/2008).

Visa o estágio ao aprendizado de competências próprias da atividade profissional e à contextualização curricular, objetivando o desenvolvimento do educando para a vida cidadã e para o trabalho (§ 2º do art. 1º da Lei n. 11.788/2008).

O estagiário é um trabalhador subordinado atípico, pois não é considerado empregado, desde que atendidos os requisitos da Lei n. 11.788/2008.

Compreende o estágio uma relação jurídica triangular: estagiário (estudante), concedente e instituição de ensino.

Anos finais do ensino fundamental são o 8º e o 9º ano.

O art. 207 da Constituição prevê o direito do adolescente à profissionalização, que é o que ocorre com o estágio.

Estágio é uma situação diferenciada, de inclusão social. Deve ser tratada de forma diferente.

O estágio visa a formação do capital humano. Há certas empresas que têm esse objetivo.

4
DISTINÇÃO

4.1 EMPREGADO

A diferença entre o estágio e o contrato de trabalho é que no primeiro o objetivo é a formação profissional do estagiário, tendo, portanto, finalidade pedagógica, embora haja pessoalidade, subordinação, continuidade e uma forma de contraprestação.

O estagiário não recebe salário, mas bolsa.

Para haver estágio, é preciso a observância de requisitos formais previstos na Lei n. 11.788/2008. É necessário ser feito termo de compromisso entre o estudante e a parte concedente. Existe intervenção obrigatória da instituição de ensino para verificar se realmente está havendo estágio. No estágio não obrigatório, deve haver a concessão de bolsa (art. 12). Deve ser feito seguro contra acidentes pessoais para o estagiário. Tem de ser observado o prazo máximo previsto na Lei n. 11.788/2008 para a concessão do estágio.

Sob o ponto de vista material, o estágio deve ser feito em relação a alunos matriculados que estejam frequentando o ensino regular em instituições de educação superior, de educação profissional, de ensino médio, da educação especial e dos anos finais do ensino fundamental, na modalidade profissional da educação de jovens e adultos. Pós-graduação não é ensino regular, graduação e não de pós-graduação. Há quem entenda em sentido contrário.

4.2 EMPREGADO EM DOMICÍLIO

Diferencia-se também o estagiário do empregado em domicílio. O segundo executa o trabalho na sua própria habitação ou em oficina de família, por conta do empregador que o remunere (art. 83 da CLT). O trabalhador em domicílio é empregado. O estagiário não é[1].

---

1. MARTINS, Sergio Pinto. *Direito do trabalho*. 40. ed. São Paulo: Saraiva, 2024, p. 209.

4.3 APRENDIZ

Distingue-se o estagiário do aprendiz.

O contrato de estágio e o de aprendizagem têm em comum a característica da educação da pessoa.

No estágio, a característica é escolar. Na aprendizagem, é de formação da mão de obra.

O estagiário não é empregado, desde que cumpridas as determinações da Lei n. 11.788/2008. O aprendiz sempre será empregado, tendo contrato de trabalho (art. 428 da CLT). Trata-se de uma espécie de contrato de trabalho especial. O estagiário é um estudante, que faz um dos cursos que a lei permite. Não é, portanto, aprendiz. O aprendiz deve ter entre 14 e 24 anos, salvo se for deficiente. Para o estagiário não há idade máxima para ser feito o estágio.

5
NATUREZA JURÍDICA

Analisar a natureza jurídica de um instituto é procurar enquadrá-lo na categoria a que pertence no ramo do Direito. É verificar a essência do instituto analisado, no que ele consiste, inserindo-o no lugar a que pertence no ordenamento jurídico.

Octavio Bueno Magano afirma que o estágio é um procedimento de integração de jovens junto à comunidade a que pertencem[1].

Miguel Cardenal Carro afirma que é um contrato formativo[2].

O contrato de estágio tem natureza civil,[3] pois é celebrado entre pessoas civis. Não existe vínculo de emprego entre as partes. Logo, não tem natureza de emprego, de contrato de trabalho. É uma espécie de prestação de serviços, regulada em lei especial.

A natureza do contrato de estágio é de formação, de educação[4] do estagiário, mas também compreende o aspecto do trabalho. É um contrato especial de formação profissional.

O ensino torna-se prático no trabalho. Visa o estágio à complementação e à aplicação prática do ensino. Afirma Julpiano Chaves Cortês que o estágio "é o instrumento de integração entre a reflexão e o fato, entre a inteligência e a experiência, entre a escola e a prática"[5].

O estágio não é modalidade de emprego, mas de trabalho, em que prevalece a característica de formação profissional. A educação é um direito de todos e dever do Estado e da família. É promovida e incentivada com a colaboração da sociedade, visando ao pleno desenvolvimento da pessoa, seu preparo para

---

1. MAGANO, Octavio Bueno. *Manual de direito do trabalho*: direito tutelar do trabalho. 2. ed. São Paulo: LTr, 1992, p. 150-151, v. 4.
2. CARDENAL CARRO, Miguel. *Contratos de trabajo formativos*. Aranzadi: Pamplona, 1997.
3. No mesmo sentido, Juscelindo Vieira dos Santos (*Contrato de estágio*: subemprego aberto e disfarçado. São Paulo: LTr, 2006).
4. No mesmo sentido, Juscelindo Vieira dos Santos entende que a natureza da relação do estagiário é educacional (*Contrato de estágio*: subemprego aberto e disfarçado. São Paulo: LTr, 2006, p. 38).
5. CORTÊS, Julpiano Chaves. *O estágio de estudantes na empresa*: comentários à Lei n. 6.494/77 e ao Decreto n. 87.497. São Paulo: LTr, 1984, p. 23.

o exercício da cidadania e sua qualificação para o trabalho (art. 205 da Constituição).

Não pode o estágio ser considerado como primeiro emprego, pois não é emprego. Pode ser considerado como primeiro trabalho da pessoa, se for esse o caso.

6
CLASSIFICAÇÃO

Na Lei n. 6.494/77, o estágio era dividido em curricular e comunitário. O estágio curricular compreendia as atividades de aprendizagem social, profissional e cultural, proporcionadas ao estudante pela participação em situações reais de vida e de trabalho em seu meio, sendo realizadas na comunidade em geral ou com as pessoas jurídicas de direito público ou privado, sob responsabilidade e coordenação de instituição de ensino (art. 2º do Decreto n. 87.947/82). O comunitário tinha por objetivo o combate a enchentes ou a promoção de alfabetização de populações carentes.

Quanto à obrigatoriedade, o estágio pode ser obrigatório ou facultativo (não obrigatório), conforme determinação das diretrizes curriculares da etapa, modalidade e área de ensino e do projeto pedagógico do curso (art. 2º da Lei n. 11.788/2008).

Estágio obrigatório é o definido como tal no projeto do curso, cuja carga horária é requisito para aprovação e obtenção de diploma (§ 1º do art. 2º da Lei n. 11.788/2008). Cursos de Administração de Empresas exigem que o aluno faça estágio em empresas e apresentem relatórios para efeito da obtenção de diploma.

Estágio não obrigatório é o desenvolvido como atividade opcional, acrescida à carga horária regular e obrigatória (§ 2º do art. 2º da Lei n. 11.788/2008). Não está dentro da carga horária, mas é acrescido a ela. O § 1º do art. 9º da Lei n. 8.906/94 (Estatuto da OAB) prevê que o estágio profissional de advocacia, com duração de dois anos, realizado nos últimos anos do curso jurídico, pode ser mantido pelas respectivas instituições de ensino superior, pelos Conselhos da OAB, ou por setores, órgãos jurídicos e escritórios de advocacia credenciados pela OAB. O referido estágio é facultativo, pois a lei emprega a palavra *pode*. Não é, portanto, obrigatório para poder terminar o curso de Direito e para prestar o exame da OAB.

Estágio extracurricular é o atual estágio não obrigatório.

Quanto à finalidade, o estágio pode ser: (a) profissional; (b) sociocultural ou de iniciação científica; (c) civil.

Há obrigações de natureza principal, que são obrigatórias, como a necessidade de o contrato ser estabelecido por escrito, da celebração do termo de compromisso etc.

Existem obrigações acessórias, como pagamento de bolsa, auxílio-transporte, concessão de recesso, seguro contra acidentes pessoais.

7
CARACTERÍSTICAS

7.1 ATRIBUTOS

O contrato de estágio é solene, pois exige uma formalidade: ser escrito, que é a existência do termo de compromisso (art. 3º, I, da Lei n. 11.788/2008). É, portanto, formal. Não pode ser verbal. Caso o estagiário seja menor de 18 anos, deve o compromisso ser assinado pelo seu responsável legal.

Tem característica pessoal ou *intuitu personae*, pois é firmado em função da pessoa do estudante, que não pode ser substituído por outra pessoa.

Adequação quer dizer que o estágio deve ser realizado em condições próprias para a formação do estagiário.

O pacto é triangular ou tripartite, pois compreende o estagiário, a instituição de ensino e o concedente.

É oneroso, pois existe a obrigatoriedade da concessão da bolsa no estágio não obrigatório. A concedente é obrigada a fazer seguro contra acidentes pessoais para o estagiário.

É de trato sucessivo, pois abrange prestações periódicas. Não se exaure em uma única prestação. O estagiário deve ter frequência à escola. A prestação de serviços do estagiário é diária.

É um pacto acessório em relação à necessidade da existência do contrato principal, que é o acordo de cooperação entre a unidade concedente e a escola.

Existe um *animus contrahendi*, pois o estagiário não é obrigado a fazer estágio, salvo se ele for obrigatório. Existe vontade da pessoa em contratar o estágio. Podem ser estabelecidos outros direitos ao estagiário, melhores do que os previstos na Lei n. 11.788/2008.

No estágio, há subordinação, em razão de o estagiário ter de cumprir ordens de serviço do tomador. É uma espécie de subordinação atípica ou diferenciada, pois não fica configurado o vínculo de emprego entre as partes. Entretanto, o estagiário tem jornada de trabalho a cumprir. Provavelmente, também, terá horário de trabalho a cumprir e deve fazer os serviços que lhe forem determinados pelo concedente. O concedente não pode multar o estagiário em razão de falta praticada por ele, pois não há previsão nesse sentido na lei.

É um contrato de atividade, visando à formação do estagiário. O § 2º do art. 1º da Lei n. 11.788/2008 faz referência "ao aprendizado de competências próprias da atividade profissional e à contextualização curricular". O trabalho pode ser manual, intelectual ou técnico. O art. 10 da Lei n. 11.788/2008 faz menção a jornada de atividade.

A finalidade do estágio é a formação do estagiário, a sua qualificação.

7.2 REQUISITOS

Os requisitos objetivos do estágio são: matrícula e frequência, termo de compromisso, compatibilidade nas atividades desenvolvidas (art. 3º da Lei n. 11.788/2008), acompanhamento do estagiário por professor-orientador, e o prazo máximo do estágio é de dois anos.

Requisitos subjetivos compreendem as pessoas envolvidas no estágio, como o estagiário, a instituição educacional e o concedente. O concedente pode ser pessoa jurídica de direito privado, órgão da Administração Pública direta e indireta da União, Estados, Distrito Federal e Municípios, profissionais liberais que estejam regularizados perante o órgão de fiscalização da classe.

São requisitos formais: matrícula e frequência regular do educando ao curso; celebração do termo de compromisso; compatibilidade entre as atividades desenvolvidas no estágio e aquelas previstas no termo de compromisso (art. 3º da Lei n. 11.788/2008); a instituição de ensino designar um professor orientador para o estagiário, a concedente de estágio ter um funcionário para cada grupo de 10 estagiários; o estagiário não fazer horas extras, pois tem de cursar a escola, fazer o estágio e estudar.

São requisitos materiais: a entidade concedente ter condições de proporcionar experiência prática de formação profissional; o estagiário deve ser avaliado de acordo com currículos, programas e calendários escolares.

8
VANTAGENS E DESVANTAGENS

Há vantagens para as partes envolvidas no estágio:

a) a escola tem a possibilidade de dar ensino prático ao aluno, sem custo da parte prática desenvolvida na empresa;

b) o estudante adquire experiência prática no campo de trabalho, mesmo ainda fazendo o curso. Tem a oportunidade de aprender para aplicar na sua profissão. Pode até posteriormente ser contratado pela empresa concedente;

c) a empresa passa a contar com pessoa que está se qualificando profissionalmente, porém sem serem reconhecidos direitos trabalhistas e sem qualquer encargo social incidente sobre os pagamentos feitos ao estagiário. O custo, portanto, é muito menor;

d) o trabalhador recebe um valor que o ajuda a pagar a escola ou auxilia no orçamento familiar.

A principal desvantagem é o fato de o trabalhador ser muitas vezes explorado pelo concedente e representar subemprego.

O estágio de oito horas afeta o rendimento escolar, pois o trabalhador não tem tempo para estudar.

9
INSTITUIÇÃO DE ENSINO

As instituições de ensino que farão a supervisão do estágio poderão ser públicas ou privadas.

São obrigações das instituições de ensino, em relação aos estágios de seus educandos (art. 7º da Lei n. 11.788/2008):

a) celebrar termo de compromisso com o educando ou com seu representante ou assistente legal, quando ele for absoluta ou relativamente incapaz, e com a parte concedente, indicando as condições de adequação do estágio à proposta pedagógica do curso, à etapa e modalidade da formação escolar do estudante e ao horário e calendário escolar.

b) avaliar as instalações da parte concedente do estágio e sua adequação à formação cultural e profissional do educando.

Na vigência da Lei n. 6.494/77, isso não era feito pelas instituições de ensino.

c) indicar professor orientador, da área a ser desenvolvida no estágio, como responsável pelo acompanhamento e pela avaliação das atividades do estagiário.

A escola deverá indicar um professor orientador para verificar se o estágio está sendo produtivo e avaliar as atividades do estagiário. Para as escolas, haverá encarecimento da atividade para efeito de indicar professor orientador. Este, para ser orientador, quererá ser remunerado, até pelo fato de que também passará a ter responsabilidade perante o estagiário, pois irá orientá-lo e acompanhá-lo.

A lei não prevê número máximo de estagiários a ser orientados pelo professor orientador na escola. Isso pode prejudicar as orientações. Pode ocorrer de um professor atender vários estagiários.

As empresas geralmente não conhecem o projeto pedagógico das faculdades e nunca se preocuparam com isso.

d) exigir do educando a apresentação periódica, em prazo não superior a seis meses, de relatório das atividades.

e) zelar pelo cumprimento do termo de compromisso, reorientando o estagiário para outro local em caso de descumprimento de suas normas.

f) elaborar normas complementares e instrumentos de avaliação dos estágios de seus educandos.

g) comunicar à parte concedente do estágio, no início do período letivo, as datas de realização de avaliações escolares ou acadêmicas.

O plano de atividades do estagiário, elaborado em acordo entre as três partes compreendidas no estágio (estagiário, instituição de ensino, concedente), será incorporado ao termo de compromisso por meio de aditivos, à medida que for avaliado progressivamente o desempenho do estudante (parágrafo único do art. 7º da Lei n. 11.788/2008).

A apresentação de relatórios pelo estagiário e a necessidade de supervisão do estágio pela instituição de ensino implicam maior controle para verificar se o estagiário está desenvolvendo a aprendizagem e também para que não seja explorado pelo concedente.

Entendi que ficou configurado o vínculo de emprego pela falta de relatórios:

Vínculo de emprego. Estagiário e sociedade de advogados. O termo de compromisso entre o trabalhador, a instituição de ensino e a entidade concedente não está assinado. Logo, não tem validade o estágio, por falta de requisito formal previsto no inciso II do art. 3º da Lei n. 11.788/2008. Trata-se de requisito fundamental ou imprescindível para a existência da relação de estágio. Não foram apresentados relatórios, nem a instituição de ensino tinha professor orientador para supervisionar o estagiário. Foram, portanto, descumpridos diversos dispositivos da Lei n. 11.788/2008, implicando a existência da relação de emprego (art. 15) (TRT 2ª R, 18ª T., Proc n. 1001657-12.2017.5.02.0089, Rel. Sergio Pinto Martins, DJe 24-10-2018).

A escola também passa a ter responsabilidade em avaliar e monitorar o estagiário, evitando abusos que possam ser cometidos, como de exploração do estagiário pelas empresas, só para não ser reconhecido o vínculo de emprego entre as partes e não serem devidas verbas de natureza trabalhista.

A instituição de ensino pode responder civilmente pelo fato de não cumprir ou descumprir alguns dos requisitos previstos na Lei n. 11.788/2008.

É facultado às instituições de ensino celebrar com entes públicos e privados convênio de concessão de estágio, nos quais se explicitem o processo educativo compreendido nas atividades programadas para seus educandos e as condições de que tratam os arts. 6º a 14 da Lei n.11.788/2008 (art. 8º). O convênio é, portanto, facultativo.

A celebração de convênio de concessão de estágio entre a instituição de ensino e a parte concedente não dispensa a celebração do termo de compromisso (parágrafo único do art. 8º da Lei n. 11.788/2008).

10
CONCEDENTES

Previa o art. 1º da Lei n. 6.494/77 que as pessoas jurídicas de direito privado, os órgãos da administração pública e as instituições de ensino é que irão conceder o estágio. Pela redação do referido preceito legal, não poderiam ser concedentes do estágio os profissionais liberais, como médicos, dentistas, contadores, engenheiros etc. Só se fossem organizados sob a forma de pessoa jurídica.

Isso era incorreto, pois nestes escritórios ou consultórios também poderia haver o estágio, proporcionando aprendizagem ao estagiário, como ocorre quando aquelas pessoas são organizadas sob a forma de pessoa jurídica.

O art. 9º da Lei n. 11.788/2008 passou a estabelecer que as pessoas jurídicas de direito privado, os órgãos da Administração Pública direta, autárquica e fundacional de qualquer dos Poderes da União, dos Estados, do Distrito Federal e dos Municípios, e os profissionais liberais de nível superior devidamente registrados em seus respectivos conselhos de fiscalização profissional podem oferecer estágio.

Agora, os profissionais liberais de nível superior devidamente registrados em seus respectivos conselhos de fiscalização profissional também poderão conceder estágio. Outros profissionais que não tenham nível superior não poderão fazê-lo. Pela Lei n. 6.494/77, a pessoa física não poderia conceder o estágio. Profissionais liberais reunidos sob a forma de empresa também poderão oferecer estágio, por serem pessoas jurídicas de direito privado.

A Orientação Normativa n. 7, de 30 de outubro de 2008, estabelece procedimentos para a aceitação de estagiários no âmbito da Administração Pública Federal direta, autárquica e fundacional.

As empresas públicas e sociedades de economia mista também poderão conceder estágio, pois ficam sujeitas ao regime jurídico próprio das empresas privadas, inclusive quanto aos direitos e obrigações civis e trabalhistas (art. 173, § 1º, II, da Constituição).

São obrigações da parte concedente:

a) celebrar termo de compromisso com a instituição de ensino e o educando, zelando por seu cumprimento;

b) ofertar instalações que tenham condições de proporcionar ao educando atividades de aprendizagem social, profissional e cultural;

c) indicar funcionário de seu quadro de pessoal, com formação ou experiência profissional na área de conhecimento desenvolvida no curso do estagiário, para orientar e supervisionar até 10 estagiários simultaneamente.

Não é possível indicar funcionário da terceirizada, porque tem de ser funcionário do seu quadro de pessoal e não da terceirizada. A lei estabeleceu limite para supervisão e orientação, o que é acertado. Não é possível que uma pessoa seja responsável por muitos estagiários ao mesmo tempo.

d) contratar em favor do estagiário seguro contra acidentes pessoais, cuja apólice seja compatível com valores de mercado, conforme fique estabelecido no termo de compromisso;

e) por ocasião do desligamento do estagiário, entregar termo de realização do estágio com indicação resumida das atividades desenvolvidas, dos períodos e da avaliação de desempenho;

f) manter à disposição da fiscalização documentos que comprovem a relação de estágio. Isso inclui também relatórios das atividades;

g) enviar à instituição de ensino, com periodicidade mínima de seis meses, relatório de atividades, com vista obrigatória ao estagiário.

11
NÚMERO MÁXIMO DE ESTAGIÁRIOS

O número máximo de estagiários em relação ao quadro de pessoal das entidades concedentes de estágio deverá atender às seguintes proporções (art. 17 da Lei n. 11.788/2008):

a) de um a cinco empregados: um estagiário;

b) de seis a 10 empregados: até dois estagiários;

c) de 11 a 25 empregados: até cinco estagiários;

d) acima de 25 empregados: até 20% de estagiários.

A ideia do número máximo de estagiários tem por objetivo evitar a transformação de empregos em estágio para não ter vínculo trabalhista e diminuir o custo do trabalho na empresa. Visa evitar que a empresa substitua mão de obra permanente por estagiários, com custo mais barato. Serão coibidos eventuais abusos que possam ser praticados pelas entidades concedentes.

Não se aplica o disposto acima aos estágios de nível superior e de nível médio profissional. Logo, só se aplica em relação às demais modalidades de estágio: de educação profissional, de educação especial e dos anos finais do ensino fundamental.

Considera-se quadro de pessoal o conjunto de trabalhadores empregados existentes no estabelecimento do estágio (§ 1º do art. 17 da Lei n. 11.788/2008). A lei faz referência a empregados e não a outros trabalhadores que exerçam função idêntica ou similar à do estagiário.

Na hipótese de a parte concedente contar com várias filiais ou estabelecimentos, os quantitativos previstos nos incisos acima serão aplicados a cada um deles.

Quando o cálculo do porcentual disposto no item *d* resultar em fração, poderá ser arredondado para o número inteiro imediatamente superior.

Trabalhadores terceirizados não entram no cálculo acima, porque a lei faz referência a empregados. O art. 17 da Lei n. 11.788/2008 faz menção a quadro de pessoal da entidade concedente, o que exclui as empresas terceirizadas. O § 1º do mesmo artigo menciona trabalhadores empregados existentes no estabelecimento do estágio, que são os empregados da empresa que concede o estágio e não da terceirizada.

Ficam assegurados às pessoas portadoras de deficiência 10% das vagas oferecidas pela parte concedente do estágio (§ 5º do art. 17). Não são 10% dos postos de trabalho da empresa, mas 10% das vagas oferecidas na empresa a título de estágio. Assim, se forem oferecidas dez vagas de estágio, uma será para os deficientes.

A lei estabelece uma forma de inclusão social do deficiente para o trabalho sob a forma de estágio. É sabido que existe dificuldade prática na contratação de deficientes pelas empresas para atender à regra do art. 93 da Lei n. 8.213/91, quanto a cotas para deficientes, pois não há um número suficiente de deficientes habilitados ou reabilitados. O mesmo pode ocorrer em relação ao estagiário.

Dispõe o § 4º do art. 17 da Lei n. 11.788/2008 que não se aplica o disposto no *caput* do referido artigo ao estágio de nível superior e de nível médio profissional. Se não se aplica o *caput* do artigo, também não se observa o § 5º, em relação aos estagiários deficientes. Não se pode aplicar o acessório (parágrafo), se não se observa o principal. Logo, não se observa a necessidade de admitir estagiários deficientes em estágios de nível superior e de nível médio profissional.

12
AGENTE DE INTEGRAÇÃO

Previa o art. 7º do Decreto n. 87.497/82 que as instituições de ensino poderiam recorrer aos serviços de agentes de integração públicos e privados, o que era feito na maioria dos casos pelo Centro de Integração Empresa-Escola (CIEE), entidade de direito privado, de âmbito nacional e de utilidade pública, ou pelo IEL (Instituto Euvaldo Lodi).

O agente de integração não participa, como regra, da relação entre estudante-escola e concedente. Funciona como intermediário entre as escolas e as entidades interessadas em conceder estágio e na colocação do estagiário.

Podem as instituições de ensino e as concedentes de estágio, a seu critério, recorrer a serviços de agentes de integração públicos e privados, mediante condições acordadas em instrumento jurídico apropriado, devendo ser observada, no caso de contratação com recursos públicos, a legislação que estabelece as normas gerais de licitação (art. 5º da Lei n. 11.788/2008). Não existe, portanto, obrigação de recorrer aos agentes de integração, mas apenas faculdade.

Os agentes de integração podem ser públicos ou privados.

No caso de contratação de estagiário com recursos públicos, há necessidade de se observar a Lei n. 8.666/93, que trata de licitação.

Cabe aos agentes de integração, como auxiliares no processo de aperfeiçoamento do instituto do estágio:

a) identificar oportunidades de estágio;

b) ajustar suas condições de realização;

c) fazer o acompanhamento administrativo;

d) encaminhar negociação de seguros contra acidentes pessoais;

e) cadastrar os estudantes.

Vedava o art. 10 do Decreto n. 87.497/82 a cobrança de valores do estudante por providências administrativas: "em nenhuma hipótese poderá ser cobrada ao estudante qualquer taxa adicional referente às providências administrativas para a obtenção e realização do estágio curricular". Não se fazia referência em relação a cobrar do concedente ou da instituição de ensino.

Veda o § 2º do art. 5º da Lei n. 11.788/2008 a cobrança de qualquer valor dos estudantes, a título de remuneração, pelos serviços acima mencionados. Não se poderá, portanto, cobrar "taxa" de administração do estudante pelo oferecimento ou manutenção do estágio. Entretanto, não há impedimento legal a que os agentes de integração cobrem da instituição de ensino ou da parte concedente um valor pelo serviço prestado de colocação do estudante. Geralmente, os agentes de integração cobram uma espécie de taxa da empresa concedente pela prestação de serviços de colocação do estagiário.

Serão responsabilizados os agentes de integração civilmente se indicarem estagiários para a realização de atividades não compatíveis com a programação curricular estabelecida para cada curso, assim como os estagiários matriculados em cursos ou instituições para as quais não há previsão de estágio curricular (§ 3º do art. 5º da Lei n. 11.788/2008).

13
ESTÁGIO

13.1 ESTAGIÁRIO

O Decreto n. 75.778, de 26 de maio de 1975, que tratava do estágio no serviço público federal, considerava estagiário o estudante de estabelecimentos de ensino superior e profissionalizante de segundo grau, oficiais ou reconhecidos em unidades de Ministério, órgão integrante da Presidência da República ou autarquia federal (art. 1º).

Estagiário é a pessoa física que presta serviços subordinados ao concedente, mediante intervenção da instituição de ensino, visando à sua formação profissional.

Estabelecia o § 1º do art. 3º da Lei n. 6.494/77 que o estágio seria feito em curso de educação superior, de ensino médio, de educação profissional de nível médio ou superior ou em escolas de educação especial. Nair Lemos Gonçalves afirmava que poderia ser ampliado o campo de aplicação da lei "para abranger pessoas, igualmente, em processo de profissionalização, porém incapazes de atingir o 2º grau, ou mesmo, de alfabetizar-se, em virtude de retardamento mental"[1].

Os alunos que cursavam curso supletivo podiam ser estagiários. Com a modificação da redação do § 1º do art. 1º da Lei n. 6.494/77 pela Lei n. 8.859/94, o aluno que cursa supletivo não pode mais ser estagiário. Tem razão a lei quanto a tal fato, pois o curso supletivo geralmente nada tem de profissionalizante.

A Lei n. 8.859, de 23 de março de 1994, estendeu aos alunos de escolas de educação especial o direito à participação em atividades de estágio.

Dá-se o estágio em relação a alunos regularmente matriculados que frequentam efetivamente cursos vinculados à estrutura do ensino público e particular, em instituições de ensino superior, de educação profissional, de ensino médio, da educação especial e dos anos finais do ensino fundamental, na modalidade profissional da educação de jovens e adultos (art. 1º da Lei n. 11.788/2008).

---

1. GONÇALVES, Nair Lemos. A pessoa excepcional, o trabalho e a previdência Social, *Revista de Direito do Trabalho*, v. 3, n. 16, p. 11-37, nov./dez. 1978.

Educação especial é a modalidade de educação escolar oferecida preferencialmente na rede regular de ensino, para educandos com deficiência, transtornos globais do desenvolvimento e altas habilidades ou superdotação (art. 58 da Lei de Diretrizes e Bases da Educação)., Foi acrescentado pela Lei n. 11.788/2008 o estágio nos anos finais do ensino fundamental, na modalidade profissional da educação de jovens e adultos.

No ensino médio, não pode o estagiário exercer atividade de empacotador de compras no supermercado, pois não há complementação da atividade de ensino.

A Lei n. 11.788/2008 também não permite que seja feito estágio em relação a supletivos. O curso supletivo não tem característica profissionalizante.

A lei não é clara sobre a possibilidade de estágio na pós-graduação. Faz referência a lei sobre educação superior; não afirma curso de graduação no ensino superior. A pós-graduação vem depois da graduação. Parece que o objetivo da lei é o estágio ser feito na graduação, que implica a "educação" superior. O objetivo da pós-graduação não é de educação, mas de especialização, mestrado ou doutorado. Não se faz estágio na pós-graduação, mas pesquisa. Pós-graduação, como foi dito, me parece que é pesquisa. Não é uma forma de complementar com a atividade educacional, pois já houve a graduação.

Estágio no ensino superior é na graduação, onde a pessoa tem que complementar a atividade educacional.

Somente pessoas físicas podem ser estagiários. Pessoa jurídica não pode ser estagiário.

Não há restrição a aposentados fazerem estágio.

Existe intervenção obrigatória da instituição de ensino para fiscalizar a concessão do estágio e verificar se o aluno está tendo complementação prática.

O objetivo do estágio é a formação profissional do estagiário. Ele estuda na escola e coloca em prática o que aprende na entidade que concede o estágio.

O estagiário irá, assim, trabalhar para aprender. É uma forma de dar ao estudante a experiência do cotidiano da profissão, que só é adquirida com a prática.

13.2 ESTUDANTES ESTRANGEIROS

Previa o art. 11 do Decreto n. 87.497/82 que o estágio também poderia ser feito por estudantes estrangeiros, regularmente matriculados em instituição de ensino oficial ou reconhecida.

As disposições da Lei n.º 11.788 relativas aos estágios aplicam-se aos estudantes estrangeiros ou brasileiros regularmente matriculados em cursos superiores no País, autorizados ou reconhecidos, ou no exterior, observado o prazo do visto temporário de estudante, na forma da legislação aplicável (art. 4º da Lei n. 11.788/2008). A lei do estrangeiro é a Lei n. 13.445/2017.

Não poderia haver distinção entre brasileiros e estrangeiros, segundo o disposto no *caput* do art. 5º da Constituição, que consagra o princípio da igualdade.

Dispõe o § 4º do art. 14 da Lei n. 13.445/2017 que: "O visto temporário para estudo poderá ser concedido ao imigrante que pretenda vir ao Brasil para frequentar curso regular ou realizar estágio ou intercâmbio de estudo ou de pesquisa".

14
ESPÉCIES DE ESTÁGIO

14.1 SISTEMAS DE ENSINO

O art. 82 da Lei n. 9.394/96 (Lei de Diretrizes e Bases da Educação) foi alterado pela Lei n. 11.788/2008, passando a dispor que "os sistemas de ensino estabelecerão as normas de realização de estágio em sua jurisdição, observada a lei federal sobre a matéria". A lei federal sobre a matéria é a Lei n. 11.788/2008.

14.2 ESPÉCIES DE ESTÁGIO

O estágio pode ser tanto o curricular, como o realizado na comunidade.

Considerava o Decreto n. 87.497/82 estágio curricular as atividades de aprendizagem social, profissional e cultural, proporcionadas ao estudante pela participação em situações reais de vida e trabalho de seu meio, sendo realizada na comunidade em geral ou junto a pessoas jurídicas de direito público ou privado, sob responsabilidade e coordenação de instituição de ensino (art. 2º).

O estágio curricular, como procedimento didático-pedagógico, é atividade de competência da instituição de ensino a quem cabe a decisão sobre a matéria, e dele participam pessoas jurídicas de direito público e privado, oferecendo oportunidade e campos de estágio, outras formas de ajuda e colaboração no processo educativo (art. 3º).

O estágio curricular é desenvolvido de forma a propiciar a complementação do ensino e da aprendizagem e ser planejado, executado, acompanhado e avaliado em conformidade com os currículos, programas e calendários escolares.

O estágio comunitário é uma atividade destinada a beneficiar a comunidade, com a prestação de serviços de natureza altruística. Exemplo pode ser o estágio feito na comunidade, como a tentativa de prevenir a dengue, nos moldes do que era feito no Projeto Rondon. Dispunha o art. 2º da Lei n. 6.494/77 que o estágio poderia assumir a forma de atividades de extensão, mediante a participação do estudante em empreendimentos ou projetos de interesse social. Previa o § 2º do mesmo artigo que os estágios comunitários eram isentos de celebração de termo de compromisso.

A Lei n. 11.788/2008 não prevê estágio na comunidade ou em atividades comunitárias ou de fim social.

Dispunha o art. 2º da Lei n. 6.494/77 que o "estágio, independentemente do aspecto profissionalizante, direto e específico, poderá assumir a forma de atividades de extensão, mediante a participação do estudante em empreendimentos ou projetos de interesse social".

Dispõe o § 3º do art. 2º da Lei n. 11.788/2008 que na educação superior, as atividades de extensão, de monitorias, de iniciação científica e de intercâmbio no exterior desenvolvidas pelo estudante poderão ser equiparadas ao estágio em caso de previsão no projeto pedagógico do curso.

15
ESTAGIÁRIOS DE DIREITO

Há entendimento de que a Lei n. 11.788/2008 não se aplica aos estagiários de Direito, porque a matéria é regulada nos arts. 8º e s. da Lei n. 8.906/94[1].

Na jurisprudência, há acórdão que entende que ao estagiário de Direito não se aplica a antiga Lei n. 6.494/77:

> ESTAGIÁRIO DE DIREITO. VÍNCULO DE EMPREGO. A Lei n. 6.494/77 e o Decreto n. 87.497/82, são inaplicáveis à solução do presente caso concreto, diante da existência de regulamentação própria do estágio na área da advocacia pelo Estatuto da Advocacia. O art. 9º da Lei n. 8.906, de 1994, não exige obrigatoriamente a interveniência de instituição de Ensino Superior na efetivação do estágio de advocacia, pois o torna facultativo. Outras instituições podem promovê-lo: os conselhos da OAB, órgãos jurídicos e escritórios de advocacia credenciados pela OAB. Não é possível ao Reclamante dizer que foi enganado pela Reclamada em relação ao estágio, eis que era seu o dever legal de se inscrever como estagiário de direito perante a OAB, como disposto no art. 9º, dentre cujas exigências destaca-se a de prestar compromisso perante o Conselho Seccional (art. 8º, VII) (TRT 3ª R., RO 00081-2004-075-03-00-6, 7ª T., Rel. Juiz Milton Vasques Thibau de Almeida, *DJ* MG 1º-2-2005).

Muitos estagiários de Direito fazem o estágio a partir de qualquer ano, porém não podem assinar petições e praticar outros atos previstos na Lei n. 8.906/94. Isso só poderá ser feito a partir do 4º ano de Direito.

O estágio da Lei n. 11.788/2008 não permite ao estagiário a obtenção da carteira de identidade de estagiário prevista no art. 13 da Lei n. 8.906/94.

O estagiário que não estiver inscrito na OAB não pode assinar petição em conjunto com advogado ou pegar os autos em carga, mesmo que esteja nos últimos dois anos do curso de Direito.

Regula a Lei n. 11.788/2008 o estágio em geral. A Lei n. 8.906/94 estabelece requisitos específicos para o estagiário de Direito, como de o estágio ser realizado nos últimos anos do curso, por dois anos.

A Lei n. 11.788/2008 é posterior à Lei n. 8.906/94. Não traz a Lei n. 11.788/2008 qualquer exceção em relação ao estagiário de Direito. Trata do estágio em geral.

---

1. MAUAD FILHO, José Humberto; SCUSSEL, Marcela Baroni. Nova lei do estagiário: Lei n. 11.788/2008. *Revista Magister de Direito Trabalhista e Previdenciário*, Porto Alegre, n. 26, p. 91, set./out. 2008.

O bacharel em Direito pode fazer o estágio como preparação para o exame da Ordem dos Advogados Brasil (§ 1º do art. 9º da Lei n. 8.906/94), mas isso tem a finalidade de ingresso na condição de advogado.

O § 4º do art. 9º da Lei n. 8.906/94 permite o estágio profissional a ser cumprido por bacharel em Direito que queira se inscrever na OAB. Nesse caso, a pessoa já é formada. Pela Lei n. 11.788/2008, não poderia fazer o estágio, pois já terminou o curso. Se o fizer, com base na Lei n. 11.788/2008 será considerado empregado.

A Lei n. 11.788/2008 é lei geral.

A Lei n. 8.906/94 é lei especial quando trata do estágio para o exame de Ordem.

A lei nova, que estabelece disposições gerais ou especiais a par das já existentes, não revoga nem modifica a lei anterior (§ 2º do art. 2º da LINDB). *Lex posterior generalis non derogat priori speciali.* Afirma Oscar Tenório que "se a lei geral vem depois da especial, a lei anterior continua em vigor, ao lado da nova"[2].

A Lei n. 11.788/2008 não revogou expressamente nenhum dispositivo da Lei n. 8.906/94.

---

2. *Lei de introdução ao Código Civil.* Rio de Janeiro: Borsoi, 1955, n. 137, p. 91.

16
RESIDÊNCIA MÉDICA

O aperfeiçoamento na área médica pode ser dividido em estágio de acadêmicos, residência médica, estágio de especialização.

O estágio acadêmico em relação à Medicina é regulado pela Lei n. 11.788/2008, por ser questão geral.

A Lei n. 6.932, de 7 de julho de 1981, dispõe sobre as atividades do médico residente e dá outras providências.

A residência médica era regulada pelo Decreto n. 80.281, de 5 de setembro de 1977. Anníbal Fernandes afirmava que:

> dúvida não cabe sobre o fato de os residentes médicos prestarem serviços em caráter profissional, já pela longa duração dos estágios, já pela remuneração que percebem. Recorde-se mais que os tomadores dos serviços dos Residentes são equiparados a empregador, *ex vi* do § 2º do art. 2º da CLT. Há, pois, na Residência Médica uma relação presumida de emprego, em decorrência de a entidade tomadora de serviços estar equiparada a empregador[1].

Havia, porém, jurisprudência entendendo de forma contrária:

> O Decreto n. 80.281/77 estabeleceu que a residência médica constitui modalidade de ensino pós-graduação destinada a médicos, sob a forma de curso de especialização, caracterizada por treinamento em serviço, em regime de dedicação exclusiva. Para tal fim, o Decreto criou um órgão normativo, a Comissão Nacional de Previdência Médica. Trata-se, na residência médica, da modalidade de ensino de pós-graduação, totalmente estranho à relação laboral. Os serviços não são prestados no interesse da instituição, mas a título de formação profissional de alto nível (TRT 2ª R., 3ª T., RO 11.336/80, Ac. 3.761/81, j. 6-4-1981, Rel. Wilson de Souza Campos Batalha, conforme Calheiros Bonfim, *Dicionário de Decisões Trabalhistas*. 18. ed. Rio de Janeiro: Edições Trabalhistas, 1982, ementa n. 3.467, p. 535).

A residência médica constitui modalidade de ensino de pós-graduação, destinada a médicos, sob a forma de cursos de especialização, caracterizada por treinamento em serviço, funcionando sob a responsabilidade de instituições de saúde, universitárias ou não, sob a orientação de profissionais médicos de elevada qualificação ética e profissional (art. 1º da Lei n. 6.932/81). Não representa

---

1. FERNANDES, Anníbal. Médicos residentes: direitos trabalhistas e previdenciários. *Revista de Direito do Trabalho*, v. 4, n. 17, p. 103-110, jan./fev. 1979.

exatamente uma forma de estágio, pois pela Lei n. 11.788/2008 o estágio seria feito na graduação e não como pós-graduação.

A residência médica representa uma espécie de formação profissional ou de treinamento em serviço. É feita depois da graduação em Medicina.

As instituições de saúde somente poderão oferecer programas de residência médica depois de credenciadas pela Comissão Nacional de Residência Médica. É vedado o uso da expressão *residência médica* para designar qualquer programa de treinamento médico que não tenha sido aprovado pela Comissão Nacional de Residência Médica.

Para sua admissão em qualquer curso de residência médica, o candidato deverá submeter-se ao processo de seleção estabelecido pelo programa aprovado pela Comissão Nacional de Residência Médica (art. 2º).

O médico residente admitido no programa terá anotado no contrato padrão de matrícula:

a) a qualidade de médico residente, com a caracterização da especialidade que cursa;

b) o nome da instituição responsável pelo programa;

c) a data de início e a data prevista para o término da residência;

d) o valor da bolsa paga pela instituição responsável pelo programa.

Ao médico residente será assegurada bolsa, em regime especial de treinamento em serviço de 60 horas semanais (art. 4º).

As instituições de saúde responsáveis por programa de residência médica oferecerão aos residentes alimentação e alojamento no decorrer do período da residência.

O médico residente é segurado contribuinte individual da Previdência Social (§ 1º do art. 4º).

Os programas dos cursos de residência médica respeitarão o máximo de 60 horas semanais, nelas incluídas um máximo de 24 horas de plantão (art. 5º). O médico residente fará jus a um dia de folga semanal e a 30 dias consecutivos de repouso, por ano de atividade. Os programas dos cursos de residência médica compreenderão, num mínimo de 10% e num máximo de 20% de sua carga horária, atividades teórico-práticas, sob a forma de sessões atualizadas, seminários, correlações clínico-patológicas ou outras, de acordo com os programas preestabelecidos.

Os programas de residência médica credenciados na forma da Lei n. 6.932/81 conferirão títulos de especialistas em favor dos médicos residentes neles habilitados, os quais constituirão comprovante hábil para fins legais junto ao Sistema Federal de Ensino e ao Conselho Federal de Medicina (art. 6º).

A interrupção do programa de residência médica por parte do médico residente, seja qual for a causa, justificada ou não, não o exime da obrigação de, posteriormente, completar a carga horária total de atividade prevista para o aprendizado, a fim de obter o comprovante referido no artigo anterior, respeitadas as condições iniciais de sua admissão (art. 7º).

Não configura vínculo de emprego a residência médica, pois o médico é considerado contribuinte individual.

Na jurisprudência há acórdão no mesmo sentido:

> A residência médica constitui um estágio de alto nível, uma modalidade de ensino necessária, conforme o Decreto n. 80.281, que regulamentou a atividade. E nos termos do referido texto legal é que não se abstrai que a relação entre residente e a entidade hospitalar seja empregatícia, ao contrário, o fato de ser o residente contemplado com bolsas de estudo demonstra inexistência do vínculo laboral e a existência de uma atividade voltada à formação profissional prevista e exigida por lei. Revista conhecida e desprovida (TST, 1ªT., RR 6.380/85, Rel. Min. Orlando Lobato, *DJ* 9-5-1986).

Entretanto, caso não sejam observados os requisitos previstos na Lei n. 6.932/81, especialmente o credenciamento perante a instituição na Comissão Nacional de Residência Médica, e presentes os requisitos do vínculo de emprego, estará configurado o contrato de trabalho. Há acórdão no mesmo sentido:

> É empregado o médico que presta "pseudo-residência médica" sem preencher os requisitos previstos na Lei n. 6.932/81, que exige expressamente o prévio credenciamento da instituição na Comissão Nacional de Residência Médica. É nula a contratação de médicos, inclusive do pessoal de direção, exclusivamente através de cooperativa médica, especialmente quando configurados os requisitos do art. 3º da CLT (TRT 15ª R., 2ª T., RO 27.699/96, Ac. 36.907/98, Rel. Samuel Hugo Lima, *DO* ESP 19-10-1998, *Revista Synthesis* 28/99, p. 298).

Ao médico residente não se aplica a Lei n. 11.788/2008, por não se tratar de estágio, mas as disposições específicas da Lei n. 6.932/81.

O estágio de especialização para médicos e dentistas é previsto na Lei n. 3.999, de 15 de dezembro de 1961. O art. 3º dispõe que "não se compreende na classificação de atividades ou tarefas, previstas nesta lei[2] o estágio efetuado para especialização ou melhoria de tirocínio, desde que não exceda ao prazo máximo de seis meses e permita a sucessão regular no quadro de beneficiados".

Afirma Emílio Gonçalves que:

---

2. Que seria a obrigação de pagar remuneração.

a própria lei libera o empregador do pagamento de remuneração, ocorrendo na espécie a prestação de serviços sem a respectiva contraprestação salarial. É que se trata de serviços prestados pelo estagiário com o fito de adquirir experiência profissional e melhoria de tirocínio. Inexiste, no caso, contrato de trabalho, porque este, por sua natureza, é oneroso[3].

No nosso sistema, o contrato de trabalho necessariamente é oneroso, pois o empregado é a pessoa que recebe salário (art. 3º da CLT). Empregador é quem assalaria (art. 2º da CLT). Não existe contrato de trabalho gratuito.

Há jurisprudência entendendo que o estágio previsto na Lei n. 3.999/61 diz respeito a médicos e dentistas e não a acadêmicos:

> O estágio previsto na Lei n. 3.999, de 15 de dezembro de 1961, diz respeito a médicos e dentistas e não a acadêmicos estagiários. Evidenciada a condição de estagiário até mesmo através de depoimento pessoal, impõe a improcedência do pedido, calcado em relação empregatícia (TRT 1ª R., 3ª T., RO 2.558/73, j. 23-1-1974, Rel. Juiz Mário Hélio Caldas, conforme Calheiros Bonfim. *Dicionário de Decisões Trabalhistas*. 13. ed. Rio de Janeiro: Edições Trabalhistas, 1976, ementa n. 1.774, p. 261-2).

---

3. GONÇALVES, Emílio. *Contrato de trabalho dos médicos e auxiliares no direito brasileiro*. São Paulo: LTr, 1970. p. 46-48.

17
COMPROMISSO

O Decreto n. 87.497/82 estabelecia que o termo de compromisso era celebrado entre o estudante e a parte concedente, com a interveniência da instituição de ensino (art. 6º, § 1º).

É realizado o estágio mediante compromisso celebrado entre o estudante, a parte concedente e a instituição de ensino (art. 3º, II, da Lei n. 11.788/2008). Será o compromisso documento obrigatório para se verificar a inexistência do vínculo de emprego. Chama-se acordo de cooperação o ajuste celebrado entre a pessoa jurídica de direito público ou privado e a instituição de ensino a que pertence o estudante. A interveniência da instituição de ensino é requisito essencial à validade do negócio jurídico. Este deve se ater à forma prescrita em lei para ter validade, como se verifica nos arts. 104, III, e 107, do Código Civil, tornando nula a relação que não observar a referida forma. Na maioria dos casos, esse requisito não é atendido, tornando o suposto estágio um verdadeiro contrato de trabalho.

Nos tribunais, verifica-se que a jurisprudência se inclina no mesmo sentido:

Contrato de estagiário sem interveniência da instituição, fica caracterizado o vínculo empregatício (TRT AM-RO 492/90, Ac. 261/91, Rel. Juiz Francisco Cordeiro Félix, *DJ* AM 20-3-1991, conforme Irany Ferrari e Melchíades Rodrigues Martins, *Julgados Trabalhistas Selecionados*. São Paulo: LTr, 1993, p. 257, ementa 841).

O mero fornecimento de certidão pela escola para o estagiário não é a mesma coisa que termo de compromisso.

Se o estágio é feito na própria instituição de ensino, a entidade escolar já tem o compromisso de formar o educando.

O termo de compromisso deverá ser firmado pelo estagiário ou com seu representante ou assistente legal e pelos representantes legais da parte concedente e da instituição de ensino, vedada a atuação dos agentes de integração como representante de qualquer das partes (art. 16 da Lei n. 11.788/2008).

Será o termo de compromisso um contrato derivado, que não se viabiliza sem que haja o contrato originário (contrato escrito entre a instituição de ensino e a pessoa física ou jurídica).

O termo de compromisso necessariamente será feito por escrito, visando evitar fraudes. Se houver a prestação de trabalho pelo suposto estagiário, sem que haja o contrato escrito, presume-se que o contrato seja de trabalho, diante do princípio da primazia da realidade. Quem terá de provar que o contrato é de estágio e não de trabalho é o sujeito concedente. O requisito contrato por escrito também é encontrado na jurisprudência para a caracterização do estágio:

> Contrato de estágio. Requisitos. Vínculo empregatício. Tendo a reclamada admitido o labor do reclamante, sob a forma de estágio, cabia-lhe comprovar a alegação modificativa. Cabia-lhe demonstrar que a contratação sob tal específico regime efetivamente se deu, mediante colação do mínimo de documentos exigidos pela Lei n. 11.788/2008, que regula o contrato de estágio, dentre os quais cito o termo de compromisso de estágio celebrado entre o reclamante, a empresa cedente do estágio e a instituição de ensino a que estava vinculado o reclamante (art. 3º, inciso II) e a comprovação de acompanhamento efetivo por supervisor da parte concedente do estágio (empresa), mediante vistos nos relatórios de estágio (§ 1º, art. 3º). Como se isto não bastasse, tem-se ainda que restou incontroversa a jornada de trabalho declinada pelo autor na causa de pedir, das 8h às 18h, de segunda a sexta-feira, com 1 hora de descanso, sendo que referida jornada ultrapassa o limite previsto no art. 10, II, da Lei 11.788/2008, que limita a jornada do estagiário a 6 horas diárias e 30 semanais, no caso de ensino profissional de nível médio, sendo este o nível de ensino cursado pelo autor à época. A regra se presume e a exceção se comprova. Sendo a regra o contrato de emprego e a exceção o contrato de trabalho regido por qualquer outra legislação especial, tem o contratante, empregador no caso, o ônus de comprovar a situação excepcional que alegou. E desse ônus não se desincumbiu a reclamada, como visto, deixando de colacionar os elementos mínimos ao conhecimento de sua tese. Debalde a confissão ficta aplicada ao reclamante. Eventuais documentos outros que não atendam à previsão legal específica e que tenham o condão de "mascarar" a relação de emprego configurada, são ineficazes por aplicação do art. 9º, da CLT. Mantém-se, portanto, o vínculo empregatício nos moldes em que reconhecido pelo MM Juízo de origem (TRT 2ª R., 10ª T., Ac. 20140458128, Rel. Cândida Alves Leão).

O estagiário será representado se for menor de 16 anos. Será assistido se tiver entre 16 e 18 anos (art. 1.634, V, do Código Civil).

Os agentes de integração não têm autorização legal para representar tanto o estagiário como a parte concedente.

Do termo de compromisso deverão constar os seguintes itens:

a) dados de identificação das partes, inclusive cargo e função do supervisor do estágio da parte concedente e do orientador da instituição de ensino;

b) responsabilidades de cada uma das partes;

c) objetivo do estágio;

d) definição da área do estágio;

e) plano de atividades com vigência;

f) jornada de atividades do estagiário;

g) definição do intervalo na jornada;

h) vigência do termo;

i) motivos de rescisão;

j) concessão do recesso dentro do período de vigência do termo;

k) valor da bolsa;

l) valor do auxílio-transporte;

m) concessão de benefícios;

n) número da apólice e companhia de seguros.

O termo de compromisso poderá ser rescindido unilateralmente pelas partes, devendo ser observado o que for disposto pelas partes.

O termo de compromisso referido no inciso I do *caput* deste artigo 9º da Lei n. 11.788 também poderá ser celebrado com a instituição de ensino superior:

I – a que esteja vinculado o intercambista estrangeiro;

II – em que se realizar o intercâmbio, no caso de estudante brasileiro intercambista (§2.º do art. 9.º da Lei n. 11.788).

18
LOCAL DO ESTÁGIO

O local de estágio pode ser selecionado a partir de cadastro de partes concedentes, organizado pelas instituições de ensino ou pelos agentes de integração (art. 6º da Lei n. 11.788/2008).

Do contrato também poderá constar o local em que o estágio será feito. As partes podem estipular isso.

19
REQUISITOS PARA A CONFIGURAÇÃO DO ESTÁGIO

Dispõe o art. 3º da Lei n. 11.788/2008 que o estágio não cria vínculo empregatício de qualquer natureza, desde que observados os seguintes requisitos:

a) matrícula e frequência regular do educando em curso de educação superior, de educação profissional, de ensino médio, da educação especial e nos anos finais do ensino fundamental, na modalidade profissional da educação de jovens e adultos e atestados pela instituição de ensino.

O § 1º do art. 428 da CLT também faz referência, para o aprendiz, à matrícula e à frequência à escola.

É preciso que o aluno esteja regularmente matriculado na escola e tenha frequência efetiva às aulas. Havendo irregularidade na matrícula ou frequência eventual, estará descaracterizado o estágio. A pessoa continuará sendo estudante, mas não estagiário. Se o aluno não estiver frequentando curso regular, deixará de existir o estágio, pois é requisito previsto no inciso I do art. 3º da Lei n. 11.788/2008.

É o que acontece muitas vezes porque o estagiário acaba cumprindo jornada excessiva de trabalho, sem que consiga frequentar regularmente as aulas. A escola deveria, inclusive, comunicar à empresa proporcionadora do estágio que o aluno não está frequentando as aulas.

Não se poderá também exigir horário no estágio incompatível com o horário das aulas. A pessoa concessora do estágio deverá verificar a regularidade do desenvolvimento do curso do estagiário, em razão de conclusão, abandono, trancamento de matrícula etc.

As empresas devem, portanto, criar um sistema de gestão de procedimentos e documentos em relação aos estagiários.

Terminado o curso que o estagiário estava fazendo, não mais se pode falar em estágio, pois este depende do curso. Se o curso terminou, não há que se falar em estágio. Muitas vezes, é isso que ocorre em certos casos, principalmente de estagiários de Engenharia e de Direito, que, enquanto estão fazendo o curso, fazem o estágio e posteriormente continuam a desempenhar a mesma atividade anterior, mas já com o diploma, porém não são registrados.

Na jurisprudência, há orientação semelhante:

> Inexiste estágio de profissionais já diplomados, devendo o período ser considerado como de contrato de trabalho regido pela CLT (TRT da 1ª R., 3ª T., RO 6.605/88, Rel. Juiz Júlio Menandro de Carvalho, *DJ* RJ 3-3-1989, p. 83).

Havia jurisprudência minoritária em sentido contrário:

> Contrato de estágio. Validade. A Lei n. 6.494/77 prevê a extinção do contrato de estágio em virtude da colação de grau, e tendo sido observado o termo previsto, não há falar em nulidade do referido contrato. Em consequência, deve ser declarado nulo o auto de infração por afronta ao disposto no art. 41, *caput*, da CLT (TRT 3ª R., 5ª T., RO 0658-2006, Rel. juiz convocado Rogério Valle Ferreira, *DJ* MG 21-10-2006, p. 19).

A escola tem por função verificar se o estágio está atrapalhando o rendimento do aluno e até o curso.

Em razão da necessidade da aprendizagem do aluno, o certo é que não seja feito mais de um estágio simultaneamente, pois isso também poderá implicar falta de frequência à escola.

b) celebração de termo de compromisso entre o educando, a parte concedente do estágio e a instituição de ensino.

A celebração do termo de compromisso também é fundamental. Sem o termo de compromisso entre o educando, a parte concedente do estágio e a instituição de ensino, haverá vínculo de emprego.

O termo de compromisso deve ser firmado antes de ser começado o estágio. Não pode ser firmado depois de iniciado o estágio, pois no período anterior existirá vínculo de emprego e, no período posterior também, diante do princípio da continuidade do contrato de trabalho. É uma situação pior ser considerado empregado e, depois, mudar o contrato para estágio.

A jurisprudência tem decisão no mesmo sentido:

> Contrato de estágio. Requisitos legais ausentes (Lei n. 6.494/77). Vínculo de emprego reconhecido. A caracterização de estágio depende da configuração de requisitos formais e substanciais, nos termos da Lei n. 6.494/77. Verificado que a celebração de "Acordo de Cooperação e Termo de Compromisso de Estágio" ocorreu após um ano de prestação de serviços, tem-se por não atendido o requisito formal imposto pelo art. 3º da norma legal citada, afastando-se, por conseguinte, o caráter pedagógico das atividades desempenhadas. O Termo de Cooperação posteriormente firmado não transmuda a natureza da relação empregatícia já formada. O contrário até seria admissível, quando o estagiário passa à condição de empregado, mas incabível, ante as circunstâncias indicativas de inalterabilidade das condições substanciais de

trabalho, reconhecer que o empregado passou, pela mera subscrição contratual, à qualidade de estagiário. O princípio da continuidade da relação de emprego converge para a invalidação do contrato de estágio firmado posteriormente. Vínculo de emprego reconhecido durante todo o período contratual. Recurso ordinário do Reclamado a que se nega provimento (TRT 9ª R., 1ª T., RO 1.146/2006, Rel. Juiz Ubirajara Carlos Mendes, *DJ* PR 11-5-2007).

c) compatibilidade entre as atividades desenvolvidas no estágio e aquelas previstas no termo de compromisso.

Não é possível, portanto, que o estagiário de grau universitário exerça atividade de contínuo na empresa, pois não complementa o ensino e pode ser realizada por qualquer pessoa. O curso deve ser, portanto, compatível com a atividade desempenhada pelo estagiário na empresa, com as tarefas desenvolvidas, de modo a fazer a complementação do ensino.

O estágio deve proporcionar experiência prática na linha de formação profissional do estagiário. Isso quer dizer que o estágio só poderá ser realizado em unidades que tenham condições de proporcionar experiência prática na linha de formação, devendo propiciar complementação do ensino e da aprendizagem, de maneira prática, no curso em que o estagiário estiver fazendo, devidamente planejado, executado, acompanhado e avaliado em conformidade com currículos, programas e calendários escolares.

Assim, o estudante de Direito não poderá desenvolver tarefas rotineiras de uma entidade financeira, como de caixa ou escriturário, mas deverá trabalhar no departamento jurídico; um estudante de medicina não poderá estagiar numa empresa de construção civil, salvo se for em seu departamento médico, caso este existir. A experiência prática na linha de formação deve ser ligada à complementação do ensino e da aprendizagem. Se houver experiência prática, mas não for de complementação do ensino ou da aprendizagem, também não haverá estágio.

É, portanto, necessário que o estágio propicie, realmente, a complementação de ensino e da aprendizagem, sob pena de restar descaracterizado o referido contrato. Se o estagiário executar serviços não relacionados com os programas da escola, será empregado.

Na jurisprudência observa-se a mesma orientação:

Estagiário – Relação de emprego. O vínculo de emprego configura-se sempre que a prestação de serviços não for eventual, plenamente inserida no contexto da atividade econômica, por pessoa física e mediante retribuição pecuniária; o estágio, enquanto situação especial, só se configura nos estritos termos legais. Portanto, se o trabalho prestado não se insere na linha de formação profissional do educando, conforme previsto em lei, e sim na linha das necessidades da empresa, nem se desenvolve dentro de um planejamento didático, considerado o currículo universitário, não pode ser entendido como estágio, deixando o trabalhador à margem das normas protetoras da legislação social. Revista patronal desprovida (TST, 2ª T., RR 87.046/93.9-21ª R., j. 3-2-1995, Rel. Min. Hylo Gurgel, *DJU* 1 10-3-1995, p. 5.087).

Estágio típico consoante a Lei n. 6.494/77, destina-se a propiciar aprimoramento técnico profissional na área de eleição acadêmica do estagiário, de conformidade com os "currículos, programas e calendários escolares". Não visa a mera prestação de serviço que implique qualquer aprendizado prático, com a simples inserção física do estagiário na empresa, para solucionar problema momentâneo de carência de pessoal. Vínculo empregatício reconhecido ao estudante de ciências contábeis que trabalha em almoxarifado de Banco (TRT 9ª R., 1ª T., RO 6.521/90, Ac. 6963/92, Rel. Juiz João Oreste Dalazen, *DJ* PR, 18-9-1992, p. 126).

Estagiário ou empregado. As tarefas de estágio devem ser complementares, embasadas cientificamente, de acordo com os conhecimentos do estagiário e segundo o curso que frequenta, revelando-se de forma útil à empresa como atividade de apoio e pesquisa, e não desenvolvimento de tarefas rotineiras. Além do que, colocar o estagiário em um setor e fazê-lo trabalhar como qualquer funcionário não representa a atitude da empresa sugerida pela Lei n. 6.494/77. Portanto, por ter sido usada a força de trabalho do reclamante de forma subordinada, contínua, bilateral e onerosa, vigorando o Princípio da Primazia da Realidade, efetivamente, o autor, "in casu", foi um autêntico empregado (TRT 9ª R., 2ª T., RO 9143/91, j. 1.4.93, Rel. Juiz João Antônio Gonçalves de Moura, *DJ* PR 21.5.93, p. 38).

A Lei n. 6.494, de 7 de dezembro de 1977, autoriza o estágio para formação profissional. Não comprovado que o trabalho proporcionou "experiência prática na linha de formação", mas realizado em setor completamente alheio àqueles propósitos, é de se contar o tempo de serviço de empregado, somando-se todo o período trabalhado para os efeitos legais (TRT 8ª R., R Ex. Off. 524/80, AC. 11.543, j. 7-7-1980, Rel. Juiz Pedro Thaumaturgo Soriano de Mello, *LTr* 44/1.286).

Caracteriza relação de emprego a concessão de bolsa para complementação educacional quando, como no caso, o beneficiário, na Caixa Econômica, conferia e contava bilhetes de loteria premiados, o que evidentemente não constitui especialização de estudo de Direito (TFR ERRO 3.676/RJ, TP, j. 14-2-1980, Rel. Min. Jarbas Nobre, *LTr* 44/1.389).

Estágio. Relação de emprego. O estagiário excludente da relação de emprego, nos termos da Lei n. 6.494/77, é o que constitui instrumento de integração, em termos de treinamento prático, de aperfeiçoamento técnico-cultural, científico e de relacionamento humano. Se o mesmo não propicia a complementação do estudo e da aprendizagem, limitando-se o trabalhador a desempenhar atividades próprias de banco (separação, somatório e aposição de carimbos em cheques), a relação jurídica existente é a de emprego, tutelada pela CLT (TRT 3ª R., 2ª T., RO 8.694/92, j. 25-5-1993, Rel. Juíza Alice Monteiro de Barros, Minas Gerais II 16-7-1993, p. 38).

O contrato de estágio requer a confluência de requisitos de forma e de fundo para a sua validade, consoante dispõe a Lei n. 6.494, de 7-12-1977. Se o cocontratante, prestador de serviços, se imiscuiu nas atividades ínsitas às do bancário, e fica literalmente esmagado entre os mundos de burocracia e dos papéis, sem qualquer correspondência com as atividades especificadas na avença de compromisso, a relação de emprego exsurge em toda a sua plenitude de direitos e obrigações (TRT 3ª R., 4ª T., RO 08232/91, Rel. Juiz Luiz Octávio Linhares Renault, *DJ* MG 3-7-1992, p. 119).

Ausência de vínculo de emprego – Tarefa inerente ao curso realizado. Não há como ser reconhecido o vínculo como se fosse de emprego, quando há pacto de estágio profissional, dentro da disciplina desenvolvida pelo reclamante. Só poderia ser admitida a nulidade do estágio se o curso realizado fosse totalmente incompatível com as tarefas desenvolvidas (TRT 3ª R., 2ª T., RO 13.794/92, Rel. Agenor Ribeiro, *DJMG* 4-2-1994, p. 95).

Estágio profissional. Desvirtuamento. Vínculo de emprego. Reconhecimento. A legislação pátria estabelece regras especiais para o exercício de estágio visando a qualificação dos futuros profissionais. Dentre estas regras está a necessária vinculação entre as atividades desempenhadas como o objeto do termo de estágio e como currículo do curso. Não cumpridas as exigências legais a relação de trabalho celebrada sob o manto do estágio transmuda-se para relação de emprego (TRT 10ª R., RO 610/2008-003-10-00.3, 1ª T., Rel. Juiz João Luis Rocha Sampaio, *DJ* de 16-4-2009).

VÍNCULO DE EMPREGO - CONTRATO DE ESTÁGIO – DESVIRTUAMENTO. Não havendo prova do efetivo acompanhamento das atividades de estágio por parte da empresa concedente, nem do cumprimento das obrigações previstas no termo de compromisso como compatibilidade das atividades desenvolvidas com as previstas no respectivo termo, cabe reconhecer o vínculo de emprego, **conforme** o § 2º do artigo 3º da Lei n. 11.788/2008. Recurso provido. (TRT-24ªR 0001364-50.2013.5.24.0004-RO, Relator: Juiz TOMÁS BAWDEN DE CASTRO SILVA, 1ª. TURMA, j. 10.3.2015, Disponibilizado: 10 de março de 2015, Disponibilizado: 10.3.15).

RECURSO DO RECLAMANTE. VÍNCULO EMPREGATÍCIO. ESTAGIÁRIO. O descumprimento dos requisitos fixados nos incisos do artigo 3º e 9º da Lei nº 11.788/08 descaracteriza o contrato de estágio, configurando-se a existência de vínculo empregatício. Recurso do reclamante conhecido e parcialmente provido. (TRT-1ª R - ROT: 20195010005, Relator: MARISE COSTA RODRIGUES, j. 30/03/2022, 2ª Turma, Data de Publicação: 27/4/2022).

Se a pessoa trabalhou nas mesmas condições antes e depois do registro, o vínculo de emprego foi reconhecido durante todo o período:

Desponta nítido o liame empregatício anterior ao registro, ainda que rotulado de "estágio", quando fica comprovado que o trabalho e a forma de sua prestação, tanto numa fase quanto na outra, eram os mesmos, com a única diferença de que a remuneração da obreira, ao tempo de estagiária, se deu de forma indireta, recebendo em troca de seu trabalho o curso de pós-graduação gratuito, só vindo a receber salários, diretamente, após o registro (TRT 2ª R., 1ª T., RO 02890099339, Ac. 17.633/90, Rel. Juíza Anélia Li Chum, *DJ* SP 18-9-1990, conforme Irany, vol. I, p. 257, ementa 843).

A prática da profissão só se adquire com o trabalho. Esta é a finalidade do estágio: proporcionar o trabalho para a complementação do ensino do curso que a pessoa está fazendo. Se realiza trabalho diverso do curso que frequenta, não é estagiário, mas empregado.

A alínea *h* do inciso I do art. 9º do Decreto n. 3.048/99 considera empregado, como segurado obrigatório da Previdência Social, o bolsista e o estagiário que prestam serviços a empresa, em desacordo com a Lei n. 11.788/2008.

Na Espanha, o estagiário (*becario*) também não é considerado empregado[1].

---

1. MONTOYA MELGAR, Alfredo. *Derecho del trabajo*. 23. ed. Madri: Tecnos, 2002. p. 286, nota de rodapé n. 10 bis.

O estágio, como ato educativo escolar supervisionado, deverá ter acompanhamento efetivo pelo professor orientador da instituição de ensino e por supervisor da parte concedente, comprovado por vistos nos relatórios e por menção de aprovação final (§ 1º do art. 3º da Lei n. 11.788/2008).

O descumprimento de qualquer dos incisos do art. 3º da Lei n. 11.788/2008 ou de qualquer obrigação contida no termo de compromisso caracteriza vínculo de emprego do educando com a parte concedente do estágio para todos os fins da legislação trabalhista e previdenciária (§ 2º do art. 3º da Lei n. 11.788/2008).

O vínculo não se caracteriza, portanto, com a instituição de ensino, mas com a parte concedente (art. 15 da Lei n. 11.788/2008), a quem estava subordinado. O estagiário será então considerado empregado e terá todos os direitos relativos a empregados e também os direitos previdenciários de empregados. Isso significa que será segurado obrigatório da Previdência Social na condição de empregado.

Há requisitos que podem ser considerados fundamentais, formais ou essenciais para a configuração de vínculo de emprego, como a falta de termo de compromisso, a realização de horas extras etc. Outros requisitos contidos na lei podem ser considerados não fundamentais ou não essenciais para a configuração de vínculo de emprego. Somente a jurisprudência é que vai dizer quais são os requisitos essenciais ou não essenciais para a formação do contrato de trabalho.

Se o concedente tiver por objetivo desvirtuar, impedir ou fraudar a aplicação de preceitos da relação de emprego (art. 9º da CLT), haverá nulidade, configurando o contrato de trabalho.

No mesmo sentido o seguinte acórdão:

BANCO DO BRASIL – ESTAGIÁRIO – VÍNCULO DE EMPREGO – RECONHECIMENTO.
O que impede o reconhecimento do vínculo empregatício do estagiário é a caracterização plena dessa condição, na forma da Lei n. 6.494/77, e não a simples existência de termo de compromisso. Aceitar essa tese seria relegar a segundo plano o princípio da primazia da realidade. Conforme acentuou o Tribunal Regional, o estágio foi desvirtuado, deixando de atender às condições legais, que lhe retiram a característica de relação de estágio, para se transformar em verdadeiro contrato de trabalho. O art. 9º da CLT dá amparo à manutenção da decisão do Regional. Revista a que se nega provimento (TST, 5ª T., RR 386.207, j. 9-3-2001, Rel. Min. Ríder Nogueira de Brito).

A idade mínima para se fazer o estágio é de 16 anos, pois é vedado qualquer trabalho antes dessa idade (art. 7º, XXXIII, da Constituição). O estagiário não é aprendiz. O inciso XXXIII do art. 7º da Constituição faz referência à proibição de qualquer trabalho a menores de 16 anos, e não a qualquer emprego a menores de 16 anos. Trabalho é gênero, que abrange o estágio. Assim, a idade mínima para o estágio é de 16 anos.

A Resolução n. 1/2004 do Conselho Nacional de Educação já previa que "somente poderão realizar estágio supervisionado os alunos que tiverem, no mínimo, 16 anos completos na data de início do estágio" (§ 5º do art. 7º). Não há idade máxima para o estágio.

O TST entendeu que não é possível estágio antes dos 16 anos:

Agravo de instrumento. Recurso de revista. Município de Pelotas. Contratos de estágios firmados com menores de dezesseis anos. Dano moral coletivo. Ficou delineado no acórdão que o Município de Pelotas efetuou contratação de estagiários menores de dezesseis anos, procedimento vedado pelo art. 7.º, XXXIII, da CF. No caso, não há reparos quanto ao pagamento de indenização por dano moral coletivo. Agravo de instrumento conhecido e não provido (TST, 8ª Turma, AIRR 40540-7.2018.5.04.0101).

No serviço público, há um obstáculo para o reconhecimento da condição de empregado do estágio feito em desacordo com a lei, que é a existência de concurso público. Inexistindo este, não há que se falar na condição de empregado, conforme o inciso II do art. 37 da Constituição e inciso II da Súmula 331 do TST.

A Portaria n. 567/2008 do Ministério Público da União prevê que "o recrutamento dos estagiários dar-se-á por meio de processo seletivo" (art. 5º).

Se o estagiário presta serviços à Administração Pública em desacordo com a previsão da Lei n. 11.788/2008, não fica configurada a relação de emprego, pois para ser empregado público é necessário prestar concurso público. Em caso análogo julgado na vigência da Lei n. 6.494/77, o TST julgou da mesma forma:

AÇÃO RESCISÓRIA. VÍNCULO EMPREGATÍCIO. ESTÁGIO. BANCO DO BRASIL. O reconhecimento de vínculo de emprego entre estagiário e a administração pública direta e indireta, após a Constituição de 1988, sem prévia aprovação em concurso público, encontra óbice no seu art. 37, inciso II e § 2º, somente conferindo-lhe direito ao pagamento dos dias efetivamente trabalhados segundo a contraprestação pactuada, por aplicação analógica do Enunciado n. 363 do TST. Recurso desprovido (ROAR 71.334, j. 3-10-2003, Rel. Min. Antônio Levenhagen).

Não é possível reconhecer o vínculo, pois não foi prestado concurso público. Assim, aplica-se a orientação da Súmula 363 do TST, sendo devidos os dias trabalhados e o FGTS.

Esclarece a Orientação Jurisprudencial 366 da SBDI-1 do TST que, ainda que desvirtuada a finalidade do contrato de estágio celebrado na vigência da Constituição Federal de 1988, é inviável o reconhecimento do vínculo empregatício com ente da Administração Pública direta ou indireta, por força do art. 37,

II, da CF/1988, bem como o deferimento de indenização pecuniária, exceto em relação às parcelas previstas na Súmula 363 do TST, se requeridas.

Não é recomendável fazer ao mesmo tempo estágio e ter contrato de trabalho com o concedente, pois a condição mais benéfica é ser empregado e ter direitos trabalhistas. Dificilmente o concedente conseguirá provar que são dois contratos distintos, pois, provavelmente, serão realizados no mesmo período. A exceção diz respeito ao fato de o estágio ser feito durante um horário e o contrato de trabalho ser desenvolvido em outro horário, com funções diversas.

Não há previsão de responsabilidade solidária ou subsidiária na Lei n. 11.788/2008 em relação a instituição de ensino ou ao agente de integração, pois eles não recebem a prestação de serviços do estagiário.

20
NECESSIDADE DE MONITORAMENTO

A necessidade de monitoramento do estagiário não era exatamente prevista na Lei n. 6.494/77. Na Lei n. 11.788/2008, ela é expressa.

A instituição de ensino deve (art. 7º da Lei n. 11.788/2008):

a) avaliar as instalações da parte concedente do estágio e sua adequação à formação cultural e profissional do educando;

b) indicar professor orientador, da área a ser desenvolvida no estágio, como responsável pelo acompanhamento e avaliação das atividades do estagiário;

c) exigir do educando a apresentação periódica, em prazo não superior a seis meses, de relatório das atividades;

d) zelar pelo cumprimento do termo de compromisso, reorientando o estagiário para outro local em caso de descumprimento de suas normas. Isso mostra que o monitoramento será feito pela instituição de ensino em relação ao estagiário para que haja efetivamente estágio e aproveitamento prático do aluno.

A parte concedente tem obrigação de proceder ao monitoramento do estagiário.

O art. 9º da Lei n. 11.788/2008 exige como obrigações da parte concedente:

a) indicar funcionário de seu quadro de pessoal, com formação ou experiência profissional na área de conhecimento desenvolvida no curso do estagiário, para orientar e supervisionar até 10 estagiários simultaneamente.

O profissional liberal irá ele mesmo fazer a orientação e supervisionamento do estagiário, pois entre seus funcionários não advogados não haverá ninguém que tenha formação ou experiência profissional para orientar e supervisionar o estagiário;

b) por ocasião do desligamento do estagiário, entregar termo de realização do estágio com indicação resumida das atividades desenvolvidas, dos períodos e da avaliação de desempenho;

c) enviar à instituição de ensino, com periodicidade mínima de seis meses, relatório de atividades, com vista obrigatória ao estagiário.

Logo, o monitoramento do estagiário deve ser feito tanto pela instituição de ensino para verificar a aplicação prática do estágio, como pela empresa concedente.

Na vigência da Lei n. 6.494/77, havia entendimentos na jurisprudência de que as avaliações eram desnecessárias:

> Estágio – Inexistência de vínculo empregatício – Não há por que anular-se o Termo de Compromisso de Estágio, unicamente pela falta dos compromissos que deveriam ser cumpridos pela instituição de ensino. Penalizar-se a reclamada pelo descumprimento de obrigações que não lhe diziam respeito, não é possível e consequentemente é de se dar validade ao estágio, mantendo-se assim o *decisum* que inacolheu a pretensão do autor (TRT 9ª R., 2ª T., RO 693/92, j. 11-5-1993, Rel. Juiz João Antonio Gonçalves de Moura, *DJ* PR 30-7-1993, p. 31).
>
> Estágio. Lei n. 6.494/77. Requisitos formais. Como o contrato de trabalho, o estágio deve ser interpretado dentro de uma realidade prática. Leva-se em consideração a vontade das partes, mas observa-se o que de ordinário acontece, isto é, se o estudante está submetido a um aprendizado que possibilite melhores condições de enfrentar o mercado de trabalho. O não cumprimento de aspectos formais, como o acompanhamento do estágio pela instituição de ensino, não o desnatura frente à empresa cedente, posto que não é sua obrigação. Deve-se perquirir se houve aprendizado, se o estudante se beneficiou, granjeando conhecimento para o exercício futuro de sua profissão. Se isto aconteceu, configura-se o estágio. Caso contrário, exercendo atividades primárias e rotineiras, configura-se o vínculo de emprego (TRT 9ª R., 2ª T., RO 5.619/91, j. 15-10-1992, Rel. Juiz José Montenegro Antero, *DJ* PR 15-1-1993, p. 57).
>
> A falta de rigoroso controle de avaliação pela entidade de ensino, ainda mais quando comprovado o aproveitamento do estagiário, não desnatura o instituto, que, pelos resultados concretos alcançados, favorece a inserção na atividade produtiva, considerada a competitividade do mercado de trabalho (TRT 9ª R., 1ª T., RO 0461/90, Rel. Juiz Armando de Souza Couto, j. 19-3-1991, *DJ* PR 21-6-1991, p. 135).

Havia jurisprudência também que exigia o monitoramento:

> FALSO ESTÁGIO. VÍNCULO RECONHECIDO. O § 2º do art. 1º da Lei 11.788, de 25-9-2008, estabelece que "O estágio visa ao aprendizado de competências próprias da atividade profissional e à contextualização curricular, objetivando o desenvolvimento do educando para a vida cidadã e para o trabalho", de modo que a figura do estágio condensa preceitos peculiares cogentes, de ordem pública e inderrogáveis pela vontade das partes, tendo por norte objetivos que não se coadunam com a fraude e desvio finalístico do instituto para camuflar a verdadeira relação de emprego e reduzir os custos empresariais. *In casu*, sequer os requisitos formais que balizam o estágio foram atendidos pela reclamada, vez que limitou-se a juntar o termo de compromisso de estágio, por si só insuficiente para afastar a possibilidade de configuração do vínculo. Ao arrepio da Lei n. 11.788/2008, não foram juntados: 1) o plano de atividades do estagiário, exigida no parágrafo único do art. 7º; 2) o termo de realização do estágio, do inciso V do art. 9º, onde estabelecido que a parte concedente está obrigada a "por ocasião do desligamento do estagiário, entregar termo de realização do estágio com indicação resu-

mida das atividades desenvolvidas, dos períodos e da avaliação de desempenho") e/ou 3) o relatório de atividades, do inciso VII do art. 9º, de modo que pudesse interferir no estágio ou configurar a formação profissionalizante através do trinômio empresa-escola-estagiário. E da prova oral a fraude aflora cristalina: a uma, porque o preposto confessou a desvirtuação do estágio, ao afirmar que "não há ninguém na reclamada com CTPS assinada que fazia esse serviço de cobrança que era feito pelo autor sendo que a ré contratou um grupo de estagiários apenas para realizar esse serviço" (fls. 66); a duas, a testemunha do reclamante declara que não houve alteração entre os serviços a ele cometidos, antes e depois do seu registro como empregado. Sentença mantida (TRT 2ª R, 4ª T., Ac. 20131 29897, Rel. Ricardo Artur Costa e Trigueiros).

A Lei n. 11.788/2008 é clara no sentido de serem feitas avaliações e de serem apresentados relatórios. A fiscalização trabalhista poderá verificar esses relatórios para saber se a atividade do estagiário é ordinária ou comum na empresa, ou se de fato ele está tendo aprendizado, e analisar o que ele fez em cada semestre. Lembro-me de um relatório que foi submetido à apreciação de um professor do Departamento de Direito do Trabalho da USP, na vigência da Lei n. 6.494/77, e ele disse que o estagiário fazia atividades comuns e, na verdade, era empregado.

21
PRAZO

Não poderia a duração do estágio ser inferior a um semestre letivo (art. 4º, *b*, do Decreto n. 87.497/82). Entretanto, não havia previsão do limite máximo de tempo na Lei n. 6.494/77.

A duração do estágio, na mesma parte concedente, não poderá exceder dois anos, exceto quando se tratar de estagiário com deficiência (art. 11 da Lei n. 11.788/2008). É o mesmo prazo dos contratos de trabalho previstos por prazo determinado na CLT (art. 445 da CLT). É também um prazo razoável para a qualificação do estagiário.

Se o estágio for feito por mais de dois anos, haverá configuração de vínculo de emprego, pois não estará sendo cumprido o requisito previsto em lei para a validade do negócio jurídico (art. 104 do Código Civil). Trata-se de presunção relativa de vínculo empregatício, pois o concedente pode demonstrar que não está presente algum dos requisitos do contrato de trabalho.

Havendo prorrogação do contrato de estágio, o limite de dois anos também terá de ser observado. O contrato pode ser feito por 16 meses e prorrogado por mais oito meses, totalizando 24 meses.

Os deficientes poderão fazer estágio por mais de dois anos, visto que a lei não estabeleceu o período máximo de duração do estágio. Entretanto, o prazo máximo é o de duração do curso, pois, terminado o curso, não se pode mais falar em estágio.

A Lei n. 11.788/2008 não fixou prazo mínimo para a realização de estágio. Pode-se entender que o prazo mínimo é de seis meses, que é o prazo para apresentação dos relatórios das atividades (art. 9º, IV, da Lei n. 11.788/2008).

O contrato de estágio pode ser prorrogado mais de uma vez, desde que observado o prazo de dois anos. Não se aplica o art. 451 da CLT, pois a Lei n. 11.788/2008 não remete ao referido artigo. Não se pode aplicar tal dispositivo por analogia, pois não há lacuna na lei. O legislador não quis tratar do assunto. Isso significa que é possível o contrato de estágio ser prorrogado por várias vezes.

Se for dispensado antes do término do contrato, não se aplica o art. 479 da CLT, pois não há omissão na Lei n. 11.788/2008.

Nos cursos de quatro anos, o estagiário terá de fazer dois estágios diferentes para poder aprender. É certo que, no primeiro e segundo anos, o estagiário não terá como fazer a parte prática, pois ainda não tem uma boa preparação teórica para a sua futura profissão. Ele pode não ter visto ainda determinados temas que são básicos para que seja feito o estágio.

Nos casos de cursos de seis anos, o estagiário poderá fazer três estágios distintos de dois anos.

O prazo de dois anos é pouco no estágio do curso de Direito, pois a duração do curso é de cinco anos. O estagiário terá de fazer três estágios, por exemplo, dois de dois anos e um de um ano.

A lei tem o fator positivo de limitar o estágio no máximo em dois anos, visando evitar fraudes. Entretanto, tem o fator negativo que impede a continuidade do estágio por mais de dois anos no mesmo concedente, necessitando o estagiário fazer vários estágios se quiser se preparar melhorar para exercer sua profissão desde o primeiro ano.

Terminado o contrato de estágio, é possível ser feito em seguida um contrato de trabalho, sem que seja preciso observar nenhum prazo entre o término de um pacto e o início do outro.

Se o estudante continua trabalhando na empresa depois de terminado o prazo do estágio, presume-se que o faz na condição de empregado, já que o estágio terminou.

Na jurisprudência, há orientação no mesmo sentido:

Dispõe a Lei n. 6.494/77 que o estágio não cria vínculo empregatício. Trabalhando o reclamante, porém, posteriormente, ao fim do estágio, sem renovação deste, evidente que o fez como empregado (TRT 6ª R., RO 33/81, j. 6-6-1981, Rel. Juiz Clóvis Valença Alves, conforme Calheiros Bonfim, *Dicionário de Decisões Trabalhistas*, 18. ed. Rio de Janeiro: Edições Trabalhistas, 1982, ementa n. 1.755, p. 264).

22
BOLSA

Pela regra do art. 4º da Lei n. 6.494/77, o estagiário poderia receber bolsa, que, portanto, não era obrigatória. A retribuição era a que fosse combinada, podendo ser tanto o pagamento de um valor em dinheiro ou outra forma de contraprestação, como pagamento da mensalidade da escola etc. As partes é que iriam acordar como seria a bolsa.

Dispõe o art. 12 da Lei n. 11.788/2008 que "o estagiário poderá receber bolsa ou outra forma de contraprestação que venha a ser acordada, sendo compulsória a sua concessão, bem como a do auxílio-transporte, na hipótese de estágio não obrigatório".

Estagiário não tem exatamente salário, mas recebe bolsa.

A redação do artigo, de fato, não é boa e parece contraditória, pois menciona que o estagiário poderá receber bolsa, o que seria facultativo, e depois dispõe que a concessão da bolsa é compulsória, quer dizer: independentemente da vontade do concedente. Ou é facultativa ou é obrigatória a bolsa. Não pode ser e deixar de ser ao mesmo tempo.

A primeira leitura do artigo pode levar o intérprete a entender que a bolsa é compulsória em todos os casos, em razão de ao final se falar que ela é compulsória.

Afirma Carlos Maximiliano que:

> se um trecho não se colige sentido apreciável para o caso, ou transparece a exigência de que as palavras foram insertas por inadvertência ou engano, não se apega o julgador à letra morta,
>
> inclina-se para o que decorre do emprego de outros recursos aptos a dar o verdadeiro alcance da norma[1].

Mostra, ainda, Carlos Maximiliano que "não se interpretam as leis por palavras ou frases isoladas e, sim, confrontando os vários dispositivos e procurando coniciliá-los"[2].

---
1. MAXIMILIANO, Carlos. *Hermenêutica e aplicação do direito*. 8. ed. Rio de Janeiro: Freitas Bastos, 1965, p. 263.
2. MAXIMILIANO, Carlos. *Comentários à Constituição Brasileira de 1891*. 3. ed., p. 105.

Caio Mário da Silva Pereira informa que o legislador guarda a presunção de sabedoria, que é incompatível com a existência de expressões ou regras inúteis. A obra de hermenêutica não pode fazer abstração de qualquer termo utilizado pelo legislador, mas perquirir o sentido da frase no jogo de todas as suas partes[3].

A segunda leitura indica que, se a redação fosse assim: "bem como a do auxílio-transporte na hipótese de estágio não obrigatório", sem a vírgula, o resultado seria o auxílio-transporte ser devido no estágio não obrigatório, mas não a bolsa. Da forma como está redigido o artigo, parece que, como a oração "bem como a do auxílio-transporte" está entre vírgulas, ela deve ser lida assim: "sendo compulsória a sua concessão na hipótese de estágio não obrigatório", mas também o vale-transporte.

Pelo que se depreende do dispositivo legal, a concessão da bolsa é obrigatória apenas na hipótese de estágio não obrigatório, pois a lei emprega a palavra *compulsória* para esse caso. No estágio obrigatório, a bolsa será facultativa. Essa parece ser a melhor interpretação da norma.

Pode haver, porém, interpretação mais favorável no sentido de que a bolsa é sempre obrigatória.

A bolsa também deveria ser devida no estágio obrigatório, pois neste o estagiário também pode precisar da bolsa para concluir o curso. A bolsa não precisa necessariamente ser fornecida em dinheiro.

Não tem a bolsa natureza salarial. Sobre ela não incide contribuição previdenciária. Entretanto, é rendimento e poderá haver a tributação pelo Imposto de Renda, desde que seja excedido o limite legal de isenção.

Não existe previsão de um valor mínimo para a bolsa. Será aquilo que for acordado pelas partes.

A bolsa não precisará necessariamente ser de um salário mínimo, pois o salário mínimo é remuneração de empregados e não de estagiários. A Lei n. 11.788/2008 faz referência a bolsa e não a salário, remuneração, salário mínimo ou múltiplos de salário mínimo. Tanto não é necessário pagar o salário mínimo que a bolsa pode ser em utilidades, no pagamento do curso do estagiário etc.

As ausências injustificadas poderão ser descontadas da bolsa do estagiário. As ausências justificadas serão abonadas, desde que isso tenha sido acordado entre as partes ou seja costume do concedente.

O ideal seria aplicar o art. 473 da CLT para considerar faltas justificadas: até dois dias consecutivos, em caso de falecimento de cônjuge, ascendente,

---

3. PEREIRA, Caio Mário da Silva. *Instituições de direito civil*. Rio de Janeiro: Forense, 1990, p. 138.

descendente, irmão ou pessoa que viva sob sua dependência econômica; até três dias consecutivos, em virtude de casamento; por um dia, em caso de nascimento do filho, no decorrer da primeira semana; por um dia, em cada 12 meses de trabalho, em caso de doação voluntária de sangue devidamente comprovada; até dois dias consecutivos ou não, para o fim de se alistar eleitor, nos termos da lei respectiva; no período em que tiver de cumprir as exigências do Serviço Militar previstas na letra *c* do art. 65 da Lei n. 4.375/64; nos dias em que estiver comprovadamente realizando provas de exame vestibular para ingresso em estabelecimento de ensino superior; pelo tempo que se fizer necessário, quando tiver de comparecer a juízo; pelo tempo que se fizer necessário, quando, na qualidade de representante de entidade sindical, estiver participando de reunião oficial de organismo internacional do qual o Brasil seja membro; até dois dias para acompanhar consultas médicas e exames complementares durante o período de gravidez de sua esposa ou companheira; por um dia por ano para acompanhar filho de até seis anos em consulta médica; até três dias, em cada 12 meses de trabalho, em caso de realização de exames preventivos de câncer devidamente comprovada.

A eventual concessão de benefícios relacionados a transporte, alimentação e saúde, entre outros, não caracteriza vínculo empregatício (§ 1º do art. 12 da Lei n. 11.788/2008). O que caracteriza o vínculo de emprego é o descumprimento das determinações da Lei n. 11.788/2008. A concessão de transporte, alimentação e saúde implica outras vantagens ao estagiário. Os benefícios alimentação e saúde não são obrigatórios. Seriam, portanto, um *plus*.

A concedente pode conceder outros benefícios, pois o § 1º do art. 12 da Lei n. 11.788/2008 menciona "entre outros". Pode pagar outras verbas, como participação nos lucros, como forma de incrementar produtividade. A eventual concessão de outros benefícios não caracteriza o vínculo de emprego.

Se o concedente fornecer alimentação, o ideal é que não faça desconto, por não haver previsão legal.

A bolsa também poderá ser concedida sob a forma de utilidades, como de pagamento da moradia do estudante. Entretanto, não é aplicável o art. 82 da CLT ao estagiário, por falta de previsão na Lei n. 11.788/2008 nesse sentido. Não haverá necessidade, portanto, de pagar 30% da bolsa em dinheiro e o restante em utilidades.

Não existe previsão legal de pagamento de descanso semanal remunerado se o estagiário ganha por hora. Se ganha por mês, o descanso semanal remunerado estará incluído no valor da bolsa.

A bolsa não pode ser reduzida no período em que há a redução da jornada para fazer provas, pois muitas vezes depende o estagiário do referido valor para poder pagar os estudos e sobreviver.

Não haverá incidência de contribuição previdenciária ou de FGTS sobre a bolsa.

Se o estagiário ficar doente, o concedente não tem obrigação legal de pagar os 15 primeiros dias, pois o estagiário não é empregado e não é segurado obrigatório da Previdência Social.

23
JORNADA

A palavra *giornata*, em italiano, tem o significado de dia. Em francês, emprega-se a palavra *jour*, dia; *journée* quer dizer jornada. Jornada significa o que é diário. É pleonasmo falar em jornada diária, porque a jornada já é diária.

Jornada é o período diário em que o empregado fica à disposição do empregador para prestar o trabalho. Horário é o espaço de tempo entre o início e o término do trabalho.

Estagiário tem jornada de atividade e não jornada de trabalho.

Havia liberdade de horário do estágio por parte das empresas e escolas, de acordo com o art. 2º da Portaria n. 1.002/67.

O art. 6º do Decreto n. 75.778/75 estabelece que "o estagiário cumprirá, no mínimo 20 (vinte) horas semanais de estágio, no horário regular de funcionamento da repartição", em relação aos estágios desenvolvidos no serviço público federal.

A Lei n. 6.494/77 não previa especificamente a jornada de trabalho do estagiário. Estabelecia apenas que a jornada de atividade do estágio, a ser cumprida pelo estudante, deveria se compatibilizar com o seu horário escolar e com o período de tempo em que venha a ocorrer o estágio (art. 5º da Lei n. 6.494/77). O parágrafo único do art. 5º da Lei n. 6.494/77 previa que, "nos períodos de férias escolares, a jornada de estágio será estabelecida de comum acordo entre o estagiário e a parte concedente do estágio", sempre com a interveniência da instituição de ensino.

O estagiário não tem jornada de trabalho, mas jornada de atividade, pois o estágio é um contrato de atividade.

A jornada de atividade em estágio será definida de comum acordo entre a instituição de ensino, a parte concedente e o aluno estagiário ou seu representante legal, devendo constar do termo de compromisso ser compatível com as atividades escolares (art. 10 da Lei n. 11.788/2008). Deverá haver consenso entre as partes para a definição da jornada do estagiário. Do termo de compromisso deve, portanto, constar que há compatibilidade da duração do trabalho com as atividades escolares.

A duração do trabalho não deve ultrapassar:

a) quatro horas diárias e 20 horas semanais, no caso de estudantes de educação especial e dos anos finais do ensino fundamental, na modalidade profissional de educação de jovens e adultos;

b) seis horas diárias e 30 horas semanais, no caso de estudantes do ensino superior, de educação profissional de nível médio e do ensino médio regular.

Essas, portanto, serão as durações máximas dos trabalhos do estagiário. A mínima poderá ser estabelecida pelas partes.

O Conselho Nacional de Educação, por meio do Parecer n. 35/2003, era contra o estágio integral para alunos do nível médio.

A ideia da jornada de trabalho é limitar o número de horas de trabalho por dia para menos de 8 horas, visando que o estágio não atrapalhe a frequência às aulas ou o próprio aprendizado, havendo tempo para o estagiário poder estudar o que aprende na escola. Exemplo pode ser o fato de o estagiário trabalhar 8 horas por dia, frequentar a escola por quatro horas, despender tempo no transporte de ida e volta, de haver necessidade de período de alimentação e de higiene pessoal. Não sobraria tempo razoável para o estagiário poder estudar.

Já julguei caso em que o estágio ficou configurado em razão da jornada excessiva:

> Estágio. O horário dito pelas testemunhas é superior ao previsto no termo de compromisso, o que desnatura o contrato de estágio. O objetivo da Lei n. 11.788 é que o estagiário possa estudar e não só trabalhar. Pelo horário mencionado verifica-se que o estágio era superior à jornada definida na Lei n. 11.788 e não permitia os objetivos previstos na citada norma. Não foi observado requisito essencial contido na Lei n. 11.788, pois "a manutenção de estagiários em desconformidade com esta Lei caracteriza o vínculo de emprego do educando com a parte concedente do estágio para todos os fins da legislação trabalhista e previdenciária" (art. 15). Um desses requisitos é ser observada a jornada máxima de trabalho do estagiário. Vínculo de emprego reconhecido com o Banco (TRT 2ª R, 18ª T., Proc. n. 00009920320115020031 (20120017792), Rel. Sergio Pinto Martins, DJe 14-5-2012).

No mesmo sentido julgado em que foi dito que o contrato de estágio não é válido se for excedida a jornada de trabalho (TRT 7ª R, 0001699-84.2011.5.07.2013, Rel. Francisco Tarcísio Guedes Lima Verde Junior, DJ CE de 1.6.2012).

Não há previsão legal de pagamento de horas extras para o estagiário, em relação ao que exceder o que foi acima exposto. Não existe também previsão de pagar adicional de horas extras.

Não existe disposição legal também prevendo acordo de compensação de horas no estágio. Não poderá trabalhar além de 4, 6 ou 8 horas por dia para trabalhar menos em outro dia, pois pode prejudicar o rendimento escolar. A compensação de horário só pode ser feita por acordo ou convenção coletiva e a CLT não se aplica ao estagiário.

Havendo trabalho além da jornada, poderá haver reconhecimento de vínculo de emprego, pois não está sendo atendida uma das determinações da Lei n. 11.788/2008 (art. 15), desde que estejam presentes os requisitos do contrato de trabalho. O objetivo da lei é que o estagiário possa estudar. Logo, não se pode exceder a jornada de trabalho.

O estágio relativo a cursos que alternam teoria e prática, nos períodos em que não estão programadas aulas presenciais, poderá ter jornada de 40 horas semanais, desde que isso esteja previsto no projeto pedagógico do curso e da instituição de ensino (§ 1º do art. 10 da Lei n. 11.788/2008).

Período é um espaço de tempo. Parece que a lei quer fazer referência a período de aulas matutino, vespertino ou noturno. Não parece que a norma está tratando dos períodos de recesso escolar, pois o art. 13 da Lei n. 11.788/2008 faz referência a "férias escolares".

Logo, o legislador sabe o que é período e férias escolares. Exemplos do alcance do dispositivo podem ser os cursos de Educação Física, Odontologia e até de Direito, nos casos de aulas práticas em "laboratório" jurídico ou outro nome que for dado. As 40 horas poderão ser distribuídas em 8 horas por dia em cinco dias da semana.

O entendimento sobre o tema que tem sido verificado no mercado é de que o módulo semanal poderá ser de 40 horas, com jornada de atividade de 8 horas quando não estiverem sendo ministradas aulas, nas férias escolares, como em parte de dezembro e junho e janeiro e julho.

Se a instituição de ensino adotar verificações de aprendizagem periódicas ou finais, nos períodos de avaliação, a carga horária do estágio será reduzida pelo menos à metade, segundo estipulado no termo de compromisso, para garantir o bom desempenho do estudante (§ 2º do art. 10 da Lei n. 11.788/2008).

Assim, nos períodos de prova, será possível reduzir a jornada à metade para que haja a possibilidade de o estagiário estudar para as provas e possa ter um bom desempenho nelas. O § 2º do art. 10 da Lei n. 11.788/2008 faz referência a que a carga horária é reduzida pelo menos à metade. É o horário diário que será reduzido e não os dias trabalhados. Há, porém, necessidade de estipular isso no termo de compromisso.

Entendo que, se o estagiário tiver de cumprir 8 horas de trabalho, deverá ter intervalo para almoço, que não precisará necessariamente ser de uma hora, mas deverá haver o intervalo. O mesmo se pode dizer em relação à jornada de 6 horas. O estagiário também deverá ter direito ao intervalo. Intervalo não é exatamente saúde e segurança, pois não está previsto nos arts. 159 a 200 da CLT, mas no art. 71. Em ambos os casos, o intervalo não será computado na jornada. Não é possível que o estagiário trabalhe 8 horas sem qualquer intervalo, pois precisa se alimentar e descansar para poder continuar o trabalho.

Não existe previsão legal de pagamento do adicional noturno e de se observar hora noturna reduzida para o estagiário.

Para que o estagiário possa trabalhar depois das 22 horas, deve ter mais de 18 anos, pois o inciso XXXIII do art. 7º da Constituição veda o trabalho noturno para o menor de 18 anos.

O estagiário menor de 18 anos não pode exercer atividade insalubre ou perigosa, por força do inciso XXXIII do art. 7º da Constituição.

24
RECESSO

Para Deocleciano Torrecieli Guimarães e Sandra Julien Miranda férias e recesso são a mesma coisa[1].

Recesso é também o período em que não há sessões no Congresso Nacional ou o período de 20 de dezembro a 6 de janeiro na Justiça Federal e do Trabalho (art. 62, I, da Lei n. 5.010/66). Também é chamado de recesso o período escolar em que não há aulas e não se confunde com as férias do professor.

Se o estagiário tiver o estágio de duração igual ou superior a um ano, terá ele recesso de 30 dias, a ser gozado preferencialmente durante suas férias escolares (art. 13 da Lei n. 11.788/2008). A lei passa a denominar recesso o período em que o estagiário não irá trabalhar, pois as férias são para empregados.

O recesso se justifica pelas mesmas razões das férias, ou seja, fundamentos de ordem biológica, social e econômica. O estagiário, depois de certo tempo, também está cansado e precisa repor suas energias.

O direito ao recesso é indisponível. Não pode ser renunciado pelo estagiário, pois a questão é de ordem pública, concernente ao descanso do estagiário. Não pode também haver transação a respeito da não concessão do recesso ao estagiário.

A palavra preferencialmente diz respeito ao estagiário, que irá escolher quando quer fazer o recesso, pois é ele que irá verificar a preferência. Pode querer fazê-lo no período de aulas. O recesso não será fixado por ato unilateral do concedente do estágio.

O interesse deve ser do estagiário, de forma que haja um melhor aprendizado e aproveitamento na escola. Logo, o melhor é a concessão do recesso no período de férias escolares. O § 2º do art. 136 da CLT prevê que as férias do empregado estudante devem coincidir com as férias escolares.

O recesso é remunerado quando o estagiário receber bolsa ou outra forma de contraprestação, o que não tinha previsão na lei anterior.

Se o estagiário não receber bolsa ou outra forma de contraprestação, não será remunerado. Aí haverá necessidade apenas de conceder o recesso, sem haver qualquer pagamento ou contraprestação.

---

1. *Dicionário técnico jurídico*. São Paulo: Rideel, 1999, p. 468.

O recesso não poderá, pela Lei n. 11.788/2008, ser superior a 30 dias. Entretanto, as partes poderiam convencionar isso, que seria regra mais favorável ao estagiário.

Não há previsão na lei de pagamento de um terço a mais na remuneração. O inciso XVIII do art. 7º da Constituição trata de férias anuais remuneradas e não de recesso. Logo, não se estende ao estagiário.

A Lei n. 11.788/2008 não faz referência sobre a aplicação ao estagiário das disposições sobre férias contidas nos arts. 129 a 153 da CLT, como menciona expressamente a aplicação da legislação relacionada à saúde e à segurança no trabalho (art. 14). Entretanto, em alguns casos essa é a solução: a aplicação da CLT por analogia.

Não dispõe a Lei n. 11.788/2008 a respeito de período aquisitivo para ser gozado o recesso. A CLT faz referência a período aquisitivo de férias de um ano (art. 130).

O empregado adquire as férias depois de trabalhar um ano. Parece que o período aquisitivo do recesso também é de um ano, como se depreende do art. 13 da Lei n. 11.788/2008, que faz menção a estágio que tem duração igual ou superior a um ano para ser concedido o descanso de 30 dias.

Faltas justificadas para fins do recesso podem ser as previstas no art. 131 da CLT, em relação às férias do empregado. Faltas injustificadas serão descontadas do recesso.

Para os estágios com duração inferior a um ano, o recesso será proporcional (§ 2º do art. 13 da Lei n. 11.788/2008).

A proporcionalidade do recesso, de acordo com as faltas do estagiário, pode ser estabelecida conforme a regra do art. 130 da CLT.

Existe um critério preconizado de se considerar como periodicidade mínima o período de seis meses, que está previsto no inciso VII do art. 9º da Lei n. 11.788/2008 para que seja enviado o relatório do estágio. Se a duração mínima do estágio é de seis meses, a proporcionalidade também deve ter por base seis meses: seis meses, 15 dias de recesso; sete meses, 18 dias; oito meses, 20 dias; nove meses, 23 dias; 10 meses, 25 dias; 11 meses, 28 dias[2].

Não existe previsão legal no sentido de que o recesso deve ser comunicado por escrito e com antecedência mínima de 30 dias (art. 135 da CLT), até diante do fato de que o recesso deve ser concedido de preferência durante as

---

2. DANTAS, Rodrigo Tourinho. Aspectos críticos sobre o direito ao recesso na relação de estágio. Uma análise da Lei n. 11.788/08. *Revista do Direito Trabalhista*. Brasília: Consulex, ano 14, n. 12, p. 4, 31 dez. 2008.

férias escolares, que o estagiário e a empresa sabem perfeitamente quando irão ocorrer.

A lei não prevê a hipótese de o estagiário vender dez dias de recesso, como acontece em relação às férias do empregado (art. 134 da CLT).

Não existe também determinação no sentido da concessão de algo parecido com as férias coletivas (art. 139 da CLT).

Pelo art. 13 da Lei n. 11.788/2008 o recesso é de 30 dias. Não há previsão, portanto, de fracionamento do recesso. Não será possível dividir em dois períodos de 15 dias ou 10 e 20 dias.

O recesso deverá ser concedido dentro do período da vigência do contrato de estágio. Não há previsão específica de pagamento indenizado do recesso não gozado pelo estagiário. Entretanto, essa parece ser a solução mais razoável, pois, do contrário, o estagiário será prejudicado e haverá enriquecimento sem causa do concedente.

Também comete ato ilícito o titular de um direito que, ao exercê-lo, excede manifestamente os limites impostos pelo seu fim econômico ou social, pela boa-fé (art. 187 do Código Civil).

Se o contrato de estágio tiver dois anos de duração, cada um dos períodos de recesso de 30 dias devem estar dentro do referido período, pois o pacto não pode exceder a dois anos.

Caso não seja possível a concessão do recesso, a proporcionalidade para fins de pagamento pode ser a do parágrafo único do art. 146 da CLT, isto é, de 1/12 para cada período superior a 14 dias.

Caso o estagiário já tenha adquirido o direito ao recesso, pois já passou um ano, a solução é a indenização, caso o estagiário receba valor pelo estágio. Se nada receber, não haverá base de cálculo. Tendo causado prejuízo ao estagiário (art. 186 do Código Civil), a solução é fixar uma indenização razoável.

Na hipótese de o período aquisitivo não ter se consumado, a solução é também o pagamento de indenização proporcional. É possível dizer que, se houver justa causa do estagiário, o período proporcional do recesso será indevido.

A lei não menciona as formas de rescisão do contrato de estágio. Assim, pouco importa se for pedido de demissão do estagiário, justa causa, dispensa, término do prazo do contrato, o recesso é devido.

A Súmula 261 do TST mostra que o empregado que se demite antes de completar 12 meses de serviço tem direito a férias proporcionais.

Também não há previsão legal no sentido de pagamento em dobro, caso o recesso não seja concedido em 12 meses após o período aquisitivo, porque a CLT não se aplica ao estagiário.

Não há previsão expressa na Lei n. 11.788/2008 de pagamento de gratificação de Natal ao estagiário. Logo, não há obrigação legal. As partes, se quiserem, poderão estabelecer o referido direito no contrato.

25
AUXÍLIO-TRANSPORTE

O estagiário terá direito a auxílio-transporte na hipótese de estágio não obrigatório (art. 12 da Lei n. 11.788/2008).

A lei faz referência a auxílio-transporte e não a vale-transporte. Logo, não se aplicam ao estagiário as regras da Lei n. 7.418/86, que trata do vale-transporte.

O art. 12 da Lei n. 11.788/2008 dá a entender que o auxílio-transporte só é devido em caso de estágio não obrigatório, ou seja, no que é desenvolvido como atividade opcional, acrescida à carga horária regular e obrigatória, pois usa entre vírgula a expressão "na hipótese de estágio não obrigatório". No caso de estágio obrigatório, o auxílio-transporte será facultativo.

O concedente terá de pagar o auxílio-transporte ao estagiário na hipótese de estágio não obrigatório. Entretanto, não poderá descontar do estagiário até 6% do valor da bolsa, pois não é observada a Lei n. 7.418/86.

O auxílio-transporte não tem natureza de contraprestação do trabalho, mas de ressarcimento pelo transporte utilizado e pelo deslocamento feito pelo estagiário para ir e voltar à empresa.

O auxílio-transporte será um valor que auxilia o estagiário com o transporte que ele precisa e não exatamente o que ele gasta. A lei usa a palavra auxílio e não reembolso integral da despesa de transporte. Não precisa, portanto, ser integral, mas algo para auxiliar, ajudar o estagiário com a despesa de transporte. Uma solução é colocar as condições ou valores do auxílio no termo de compromisso.

Durante o recesso não há necessidade de pagar auxílio-transporte, pois o estagiário não vai trabalhar. O auxílio-transporte é para ajudar a custear o transporte quando o estagiário vai trabalhar.

26
SEGURO

O item *c* do art. 2º da Portaria n. 1.002/67 determinava "a obrigação da empresa de fazer, para os bolsistas, seguro de acidentes pessoais ocorridos no local de estágio".

A Instrução Normativa DASP-52, de 31 de março de 1976, regulamentava o Decreto n. 75.778/75. Previa no item 6.1 que "Os Ministérios, Órgãos Autônomos ou Autarquias Federais, onde se realizar o estágio, farão, obrigatoriamente, para os estagiários, seguro de acidentes pessoais que tenham como causa o desempenho das atividades decorrentes do estágio".

Previa o art. 4º da Lei n. 6.494/77 que o estagiário tinha direito a seguro contra acidentes pessoais. Esse seguro era obrigatório. Não se fazia menção ao valor da apólice, que fica a critério de cada um. Não se fazia referência à pessoa que iria pagar o seguro.

Dispõe o inciso IV do art. 9º da Lei n. 11.788/2008 que é obrigação da parte que concede o estágio contratar, em favor do estagiário, seguro contra acidentes pessoais, cuja apólice seja compatível com valores de mercado, conforme for estabelecido no termo de compromisso. Não se trata, portanto, de faculdade, mas de direito do estagiário. Não se faz distinção entre estágio obrigatório e não obrigatório. Nos dois, haverá necessidade de ser feito o seguro contra acidentes pessoais.

O seguro estabelecido na lei diz respeito a acidentes pessoais e não a acidentes do trabalho, pois o estagiário não é empregado para se falar em acidente do trabalho.

No caso de estágio obrigatório, a responsabilidade pela contratação do seguro de que trata o inciso IV poderá, alternativamente, ser assumida pela instituição de ensino (parágrafo 1º do art. 9º da Lei n. 11.788/2008).

Dificilmente, a instituição de ensino irá assumir a contratação do seguro, pelo fato de que a regra contida na lei é opcional e de que seria mais um custo para ela. Instituições públicas de ensino não irão fazer seguro, pois, na maioria das vezes, não têm verbas nem para comprar livros, nem para fazer seguro.

Deverá o seguro ser feito em companhia seguradora.

O objetivo do seguro é cobrir a hipótese de morte do segurado ou invalidez permanente. O ideal seria que a lei estabelecesse que o segurado cobrisse qualquer dano moral, material ou estético do estagiário durante o período do estágio.

Já decidiu o STJ que:

> Responsabilidade civil. Estupro e assassinato de estagiária no interior de fábrica. Indenização. Dano moral. *Quantum* indenizatório. Razoabilidade. Dadas as particularidades da espécie, em que a autora da ação indenizatória teve sua filha estuprada e assassinada, impõe-se a manutenção do *quantum* indenizatório no patamar em que fixado pelo Tribunal *a quo*. Não justificada, portanto, a excepcional intervenção desta Corte para rever a verba indenizatória. Recurso especial não conhecido (STJ, 4ª T., REsp 737.918/RJ, j. 12-6-2007, Rel. Min. César Asfor Rocha, *DJ* 13-8-2007, p. 374).

O valor da indenização deve constar do Certificado Individual de Seguro de Acidentes Pessoais e deve ser compatível com os valores de mercado. Compatível com o valor de mercado é algo que seja razoável.

O concedente não está obrigado a pagar contribuição previdenciária para custeio de prestações de acidente do trabalho (art. 7º, XXVIII, da Constituição), pois o estagiário não é empregado. Terá de fazer seguro contra acidentes pessoais.

27
SEGURANÇA E SAÚDE NO TRABALHO

27.1 CONSIDERAÇÕES INICIAIS

A CLT previa anteriormente a denominação *higiene* e *segurança do trabalho*. A Lei n. 6.514, de 22 de dezembro de 1977, passou a usar a denominação segurança e medicina do trabalho. A palavra *medicina* é mais ampla, pois evidencia não só o aspecto saúde, mas também a cura das doenças e sua prevenção no trabalho.

Observa-se ao estagiário a legislação relacionada à saúde e à segurança no trabalho, sendo sua implementação de responsabilidade da parte concedente do estágio (art. 14 da Lei n. 11.788/2008). A denominação empregada é, portanto, saúde e segurança no trabalho.

A palavra *saúde* vem do adjetivo latino *saluus, a, um*, que tem o significado de inteiro, intacto, ou de *salus, utis*, com o significado de estar são, ou salvação. O verbo *salueo, es, ere*, significa estar são.

A Organização Internacional do Trabalho (OIT), em 1946, definiu saúde como "um estado completo de bem-estar físico, mental e social, e não somente a ausência de doença ou enfermidade". O art. 3º da Convenção 155 da OIT afirma que "saúde, com relação ao trabalho, abrange não só a ausência de afecções ou de doenças, mas também os elementos físicos e mentais que afetam a saúde e estão diretamente relacionados com a segurança e a higiene no trabalho".

Prevê o art. 6º da Constituição que a saúde é um direito social.

Determina o art. 196 da Constituição que a saúde é direito de todos e dever do Estado. Logo, também é um direito do estagiário.

Dispõe o art. 2º da Lei n. 8.212/91 que a saúde é direito de todos e dever do Estado, garantido mediante políticas sociais e econômicas que visem à redução do risco de doença e de outros agravos e ao acesso universal e igualitário às ações e aos serviços para sua promoção, proteção e recuperação.

A saúde é um direito público subjetivo, que pode ser exigido do Estado, que, por contrapartida, tem o dever de prestá-lo[1]. Está, assim, entre os direitos fundamentais do ser humano, como também se dá para o estagiário, que é um ser humano.

Devem, portanto, ser observadas as regras de segurança e medicina do trabalho para o estagiário, como as contidas entre os arts. 154 a 201 da CLT e na Portaria n. 3.214/78 do Ministério do Trabalho.

Haverá necessidade de exame médico admissional, periódico e demissional. Exame médico é garantia da empresa de ter trabalhador em bom estado de saúde, até para não ser prejudicado o estagiário fisicamente no trabalho.

Ao estagiário também deverá ser fornecido o equipamento de proteção individual (EPI).

A aplicação de normas de saúde e segurança não implica pagamento de adicional de insalubridade e de periculosidade. Adicional tem natureza de salário e não de saúde e segurança. A lei não dispõe que devam ser pagos os referidos adicionais. Do contrário, seria clara sobre o tema ao tratar dos direitos dos estagiários.

O estagiário que tiver menos de 18 anos não poderá trabalhar em ambiente insalubre ou perigoso, em razão da previsão genérica do inciso XXXIII do art. 7º da Constituição para qualquer trabalhador.

A gestante não tem direito a licença remunerada de 120 dias, pois o estagiário não recebe salário (art. 7º, XVIII, da Constituição). Não é também empregado.

27.2 TRABALHO EM CONDIÇÕES GRAVOSAS

Ao adolescente empregado, aprendiz, em regime familiar de trabalho, aluno de escola técnica, assistido em entidade governamental ou não governamental, é vedado o trabalho em certas condições (art. 67 da Lei n. 8.069/90).

O adolescente é a pessoa que está entre 12 e 18 anos (art. 2º da Lei n. 8.069/90).

Pode o aluno de escola técnica ser estagiário.

Por analogia ao art. 67 do Estatuto da Criança e do Adolescente (Lei n. 8.069/90), será vedado ao menor de 18 anos exercer trabalho noturno (inciso I), perigoso, insalubre ou penoso (inciso II) e realizado em horários e locais que não permitam a frequência à escola (inciso IV).

---

1. MARTINS, Sergio Pinto. *Direito da seguridade social*. 42. ed. São Paulo: Saraiva, 2024, p. 610.

O estagiário não poderá ser discriminado no trabalho por qualquer razão, seja em decorrência de raça, cor, credo, sexo, idade, nacionalidade, por ser deficiente etc.

28
FISCALIZAÇÃO

28.1 CONSIDERAÇÕES INICIAIS

A manutenção de estagiários em desconformidade com a Lei n. 11.788/2008 caracteriza vínculo de emprego do educando com a parte concedente do estágio para todos os fins da legislação trabalhista e previdenciária (art. 15 da Lei n. 11.788/2008).

Estabelece o art. 626 da CLT que "incumbe às autoridades competentes do Ministério do Trabalho, ou àquelas que exerçam funções delegadas, a fiscalização do fiel cumprimento das normas de proteção ao trabalho".

A instituição privada ou pública que reincidir na irregularidade de que trata este artigo ficará impedida de receber estagiários por dois anos, contados da data da decisão definitiva do processo administrativo correspondente (§ 1º do art. 15 da Lei n. 11.788/2008).

A penalidade de que trata o parágrafo anterior limita-se à filial ou à agência em que for cometida a irregularidade (§ 2º do art. 15 da Lei n. 11.788/2008). Logo, não se aplica a todas as unidades da empresa.

28.2 ANOTAÇÃO EM CTPS

Dispunha o art. 6º da Portaria n. 1.002/67 que ao estagiário seria fornecida Carteira Profissional de Estagiário, expedida pelo Ministério do Trabalho, mediante declaração firmada pelo diretor do estabelecimento de ensino interessado (art. 6º). Não havia previsão legal nesse sentido, mas era um dispositivo razoável para mostrar o período trabalhado pelo estagiário.

A Lei n. 11.788/2008 não determina a obrigatoriedade de anotação do estágio na CTPS, porém é recomendável para que se verifique a realidade do estágio e não da relação de emprego. Não deve haver, porém, a anotação na CTPS na parte referente ao contrato de trabalho. As anotações serão feitas nas anotações gerais da CTPS, podendo ser anotações sobre o curso frequentado e o ano, o nome da escola, da empresa concedente e o início e o término do estágio.

O prazo de prescrição para o estagiário postular direitos relativos à Lei n. 11.788/2008 é de 10 anos (art. 205 do Código Civil), pois não há previsão específica para essa situação no referido código.

29
MULTA

Não existe nenhum dispositivo na Lei n. 11.788/2008 que estabeleça multa administrativa pelo descumprimento de seus artigos.

A sanção pela não observância da lei é o reconhecimento do vínculo de emprego com o concedente.

A multa administrativa será a prevista no art. 54 da CLT pela falta de anotação na CTPS do empregado.

Reconhecido o vínculo de emprego, o trabalhador terá todos os direitos trabalhistas, como férias mais 1/3, gratificação de Natal, depósitos do FGTS etc.

30
COMPETÊNCIA

Entendo que a Justiça do Trabalho não é competente para tratar da postulação do estagiário contra o tomador dos serviços, quando a relação realmente for de estágio.

Não há lei estabelecendo a competência da Justiça do Trabalho para regular a referida situação, que seria a relativa a outras controvérsias decorrentes de relação de trabalho (art. 114, IX, da Constituição).

Quando o STF julgou a questão relativa aos funcionários públicos, considerando que não havia competência da Justiça do Trabalho para analisar a questão, deu a entender que a expressão relação de trabalho, contida no art. 114 da Constituição, significa relação de emprego, a relação jurídica que se estabelece entre empregado e empregador.

No momento, não há nenhuma súmula do TST estabelecendo a competência da Justiça do Trabalho para julgar a relação entre o estagiário e o tomador dos serviços.

O TST entendeu pela competência da Justiça Comum para julgar questões de estágio contra a Administração Pública (TST, ERR5500-47.2010.5.13.0022, SBDI-1 Rel. Aloysio Correa da Veiga, 31.3.2016).

É claro que se for ser discutida a relação de emprego entre o suposto estagiário e o tomador de serviços, a competência é da Justiça do Trabalho (art. 114, I, da Constituição), pois somente ela tem competência para estabelecer a existência de vinculo de emprego entre as partes.

31
PRORROGAÇÃO DE ESTÁGIOS ANTERIORES

A prorrogação dos estágios contratados antes do início da vigência da Lei n. 11.788/2008 apenas poderá ocorrer se ajustada às suas disposições (art. 18 da Lei n. 11.788/2008). Trata-se de regra transitória ou de direito intertemporal para a vigência da Lei n. 11.788/2008.

A palavra prorrogação, contida no art. 18 da Lei n. 11.788/2008, não significa renovação dos contratos de estágio. Prorrogação vem do latim *prorrogatio*, de *prorrogare*, que significa alongar, dilatar, adiar, ampliar.

A citada regra aplica-se apenas quando houver prorrogação de estágio feita na vigência da Lei n. 6.494/77 e não quanto a estágios que estão sendo feitos sem qualquer prorrogação. Assim, se houver prorrogação de um contrato de estágio, será aplicada a Lei n. 11.788/2008, sendo observado na prorrogação o prazo de dois anos e a jornada pertinente.

Na prática, acabará sendo melhor não prorrogar o contrato e contratar outro estagiário de acordo com as regras da Lei n. 11.788/2008, evitando, assim, dúvidas de interpretação.

Embora a lei não faça referência expressa à prorrogação dos contratos em curso, mas dos estágios contratados, o resultado é o mesmo, pois são os estágios que foram ajustados mediante contrato. Logo, o que vai ser prorrogado é o contrato, que tinha termo certo.

Quanto a contratos de estágio que não estão sendo prorrogados, são aplicáveis as regras da Lei n. 6.494/77. Se o contrato de estágio foi feito por mais de dois anos e não está havendo prorrogação, valem as regras contratadas, de acordo com a vigência da Lei n. 6.494/77 e não a lei nova, pois houve ato jurídico perfeito.

A lei nova não pode retroagir e violar ato jurídico perfeito, sob pena de ferir o inciso XXXVI do art. 5º da Constituição. Reputa-se ato jurídico perfeito o já consumado segundo a lei vigente ao tempo em que se efetuou (§ 1º do art. 6º da Lei de Introdução às Normas do Direito Brasileiro). Não há necessidade, portanto, de observar o prazo máximo de dois anos e jornada de seis horas, mas o que foi inicialmente contratado.

Poderá haver direitos distintos se a empresa tiver estagiários contratados com base na Lei n. 6.494/77 e outros com fundamento na Lei n. 11.788/2008. Não se poderá falar em discriminação entre os estagiários, pois foram admitidos em épocas diferentes e regidos por leis diferentes. O ideal é que tivessem os mesmos direitos.

32
SEGURADO DA PREVIDÊNCIA SOCIAL

A Lei n. 7.004, de 24 de junho de 1982, instituiu o Programa de Previdência Social dos estudantes. O estudante poderia ingressar no sistema de forma facultativa (art. 3º).

Dispunha que o estudante poderia manter essa qualidade por um período de 12 meses após a conclusão do curso, desde que permanecesse em dia com o recolhimento das suas contribuições. Perderia a qualidade de segurado se deixasse de recolher três contribuições mensais consecutivas, sendo-lhe permitido o reingresso nas mesmas condições estabelecidas na lei.

Essa regra aplicava-se ao estudante que não trabalhasse. Caso o estudante fosse empregado, empresário ou autônomo, não seria observada a referida regra.

O estagiário não é segurado obrigatório da Previdência Social, mas poderá se inscrever na condição de segurado facultativo do Regime Geral de Previdência Social (§ 2º do art. 12 da Lei n. 11.788/2008), para que haja a contagem do tempo de serviço. É segurado facultativo, conforme o art. 14 da Lei n. 8.212/91. Deverá, porém, ter 16 anos, que é a idade exigida para o trabalho de qualquer pessoa (art. 7º, XXXIII, da Constituição).

Não se considera como salário de contribuição a importância recebida a título de bolsa de complementação educacional do estagiário (art. 28, § 9º, *i*, da Lei n. 8.212/91).

A estagiária grávida não tem garantia do emprego, pois não tem contrato de trabalho e não há previsão legal para esse fim. Não terá direito a salário-maternidade, salvo se contribuir na condição de segurada facultativa, pois não é segurada obrigatória da Previdência Social.

Na França, o estagiário é considerado segurado da Seguridade Social, de acordo com a Lei n. 296/2006 e conforme o artigo L 6343-1 do Código do Trabalho.

Na Espanha, o estagiário é considerado segurado obrigatório da Previdência Social. São assemelhados aos trabalhadores por conta alheia (art. 6 do Real Decreto n. 1.326, de 24 de outubro de 2003).

33
NECESSIDADE DE REGULAMENTAÇÃO

O decreto tem por objetivo esclarecer o conteúdo da lei, regulamentá-la. São os chamados regulamentos da execução da lei (art. 84, IV, da Constituição).

Leciona Michel Temer que o conteúdo do regulamento é predeterminado pela lei. Não pode, assim, exceder os limites legais, sob pena de imediata ilegalidade[1].

Afirma Hely Lopes Meirelles, citando Medeiros Silva:

> que "a função do regulamento não é reproduzir, copiando-se, literalmente, os termos da lei. Seria um ato inútil se assim fosse entendido. Deve, ao contrário, evidenciar e tornar explícito tudo aquilo que a lei encerra. Assim, se uma faculdade ou atribuição está implícita no texto legal, o regulamento não exorbitará, se lhe der uma forma articulada e explícita". Como ato inferior à lei, o regulamento não pode contrariá-la ou ir além do que ela permite. No que o regulamento infringe ou extravasa da lei é írrito e nulo. Quando o regulamento visa explicar a lei (regulamento de execução), terá de se cingir ao que a lei contém[2].

José Afonso da Silva leciona que "o poder regulamentar não é poder legislativo, por conseguinte não pode criar normatividade que inove a ordem jurídica. Seus limites naturais situam-se no âmbito da competência executiva e administrativa, onde se insere. Ultrapassar esses limites importa abuso de poder, usurpação de competência, tornando írrito o regulamento dele proveniente, e sujeito a sustação pelo Congresso Nacional".[3]

Pontes de Miranda assevera que "onde se estabelecem, alteram-se ou extinguem-se direitos, não há regulamento, há abuso de poder regulamentar, invasão da competência legislativa".[4]

A função da norma administrativa é esclarecer o conteúdo da lei e não dispor sobre regra não descrita nela.

---

1. TEMER, Michel. *Elementos de direito constitucional*. 17. ed. São Paulo: Malheiros, 2001, p. 156.
2. MEIRELLES, Hely Lopes. *Direito administrativo brasileiro*. 19. ed. São Paulo: Malheiros, 1994, p. 163-164.
3. SILVA, José Afonso da. Comentário contextual à constituição. São Paulo: Malheiros, 2005, 484.
4. MIRANDA, Pontes de. Comentários à Constituição de 1967, com a EC 1, de 1969, 2.ª ed. São Paulo: Revista dos Tribunais, 1970, p. 314, v. III.

O art. 6º da Lei n. 6.494/77 previa que o estágio seria regulamentado no prazo de 30 dias. O regulamento foi baixado cinco anos depois da vigência da lei por meio do Decreto n. 87.497, de 18 de agosto de 1982. Mesmo que o regulamento não fosse editado depois de 30 dias em razão da omissão do Poder Executivo, a lei tinha vigência plena em todos os seus dispositivos.

Apenas naquilo que não for possível ser cumprido é que não o será, se apenas parte da lei depende de regulamentação. Somente essa parte é que não pode ser cumprida.

O Poder Executivo não fica acima do Poder Legislativo, que é o órgão incumbido de legislar. Entender de forma contrária implicaria ofensa ao princípio da separação dos poderes (art. 2º da Constituição).

A Lei n. 11.788/2008 não prevê a necessidade de ser regulamentada, como em relação a outras leis (art. 6º da Lei n. 4.749/65). Logo, não existe necessidade de regulamentação por decreto.

34
DIREITO ESTRANGEIRO

A Convenção n. 138 da OIT permite sistema de formação profissional de estágio a partir dos 14 anos.

Diretiva da União europeia permite o estágio a partir dos 14 anos.

Na França, durante a duração da presença na empresa a título de uma das ações de formação, o estagiário não titular de contrato de trabalho é beneficiário das disposições do Código de Trabalho: a) em relação a duração do trabalho, à exceção daquelas relativas as horas suplementares; b) do repouso semanal; c) da Saúde e da Seguridade Social (art. L6343-1 do Código do Trabalho).

A duração do trabalho aplicável ao estagiário não titular de contrato de trabalho não pode exceder a duração legal semanal e a duração cotidiana do trabalho fixada no Código. A duração máxima semanal fixada se estende a toda hora de trabalho efetivo ou de presença nos locais de trabalho (art. L6343-2). O estagiário não titular de um contrato de trabalho não pode fazer horas extras (art. L6343-3). Tem direito o estagiário não titular de contrato de trabalho ao repouso dominical (art. L6343-4).

Na Itália, o Decreto Legislativo n. 276/03, chamado de Reforma Biagi, estabelece o contrato de aprendizagem. É um contrato de formação para o setor privado. Há o contrato de aprendizagem para aquisição de um diploma ou para carreiras de alta formação. É previsto para jovens entre 18 a 29 anos. Não há prazo mínimo ou máximo para a contratação.

35
CONCLUSÕES

A Lei n. 11.788/2008 é uma lei mais moderna do que a anterior, pois traz regras mais atualizadas da experiência prática do estágio. É também mais detalhista, pois faz previsão de várias hipóteses que não eram estabelecidas na lei anterior, além de ser mais complexa do que a anterior. Ela tem 22 artigos, enquanto a Lei n. 6.494/77 tinha oito artigos. Evita a exploração do estudante pelo concedente do estágio.

O estágio que observa as determinações da Lei n. 11.788/2008 não cria vínculo de emprego (art. 3º).

A contratação de estagiário não deve ter por objetivo apenas o aproveitamento de mão de obra mais barata, sem pagamento de qualquer encargo social, mascarando a relação de emprego, exigindo do trabalhador muitas horas diárias de trabalho. É o que se chama de *escraviário* ou de *office boy de luxo*. Deve realmente proporcionar o aprendizado ao estagiário. Estando o estágio em desacordo com as regras da Lei n. 11.788/2008, haverá vínculo de emprego entre as partes, atraindo a aplicação do art. 9º da CLT. Nesse ponto, havia muitos abusos na prática, pois era desvirtuado o estágio, que a Lei n. 11.788/2008 pretende inibir e coibir.

A Lei n. 11.788/2008 traz maior rigor em relação a certos requisitos para a validade do estágio, como prazo máximo de duração. Estabelece direitos ao estagiário: de jornada de trabalho, recesso remunerado etc. Entretanto, torna mais onerosa a contratação do estagiário, em razão dos novos direitos que foram concedidos. Escritório de advocacia pode não querer ter tantos estagiários e vai cortar vagas de estagiários em decorrência das novas exigências da lei, o que é negativo para a admissão de estagiários.

Estabeleceu a Lei n. 11.788/2008 a necessidade de acompanhamento do que o estagiário está fazendo no concedente, tornando essa fiscalização muito mais positiva para a implementação efetiva e real do estágio.

Num primeiro momento, as empresas não estavam contratando estagiários, quando houve a aprovação da Lei n. 11.788/2008, pois não sabiam como fazê-lo e em razão de novas regras criadas pela lei. Posteriormente, as regras da Lei n. 11.788/2008 começaram a ser esclarecidas, mas ainda existem várias dúvidas a respeito do tema.

Em razão das várias dúvidas existentes sobre os procedimentos no estágio, está havendo insegurança jurídica para a contratação dos estagiários. Na dúvida, não se contrata o estagiário ou então são feitas contratações em número inferior ao que se fazia anteriormente. Prejudicados serão os próprios estudantes, que não serão contratados.

Espero que esta lei não seja estática e acompanhe o dinamismo das relações sociais, sendo feitas as alterações necessárias para que ela possa ter plena eficácia. Do contrário, ocorrerá o mencionado por Sheakespeare:

> Não devemos fazer da lei um espantalho/ Armado para assustar as aves de rapina/ Mas deixado sempre estático, de modo que com o hábito/ Ele não seja mais o terror delas, e sim o seu poleiro (*Medida por medida*, Ato I).

MODELOS

TERMO DE COMPROMISSO

_____, estabelecida à _____, CEP: representada por _____, doravante designada CONCEDENTE, e o(a) Estagiário(a) _____, estudante, residente à _____ titular(a) da cédula de identidade RG n. _____, CPF/MF n. _____, aluno(a) do curso de _____, matriculado(a) no semestre _____, n. _____, e como Interveniente a Instituição de Ensino _____, com endereço na rua _____, n. ____, na Cidade de São Paulo, Estado de São Paulo, CNPJ _____, celebram o presente Termo de Compromisso de Estágio, que se vincula ao Convênio para Realização de Estágio firmado entre a Concedente e a Instituição de Ensino em _____, nos termos da Lei n. 11.788/2008, conforme as condições a seguir:

1. O Estágio terá duração de _____, a começar em _____, terminando em _____, que poderá ser eventualmente prorrogado ou modificado por documento complementar, desde que qualquer das partes não peça rescisão, por escrito, com cinco dias de antecedência. O(A) Estagiário(a) não terá vínculo empregatício de qualquer natureza com o Concedente em razão deste Termo de Compromisso.

2. No período de estágio, o(a) estagiário(a) cumprirá horas por semana. O horário será combinado de acordo com as conveniências mútuas, ressalvadas as horas de aulas, de provas e de outros trabalhos didáticos e as limitações dos meios de transportes.

3. No período previsto no calendário escolar para a realização da avaliação semestral, bem como na hipótese de cumprimento de outras atividades didáticas (seminários, visitas, monografia etc.), o(a) estudante-estagiário(a) terá direito a uma redução em sua jornada diária de estágio, na forma do art. 10, § 2º, da Lei n. 11.788/2008, desde que comprove por atestado da Unidade a realização dessas atividades.

4. Nos períodos de férias escolares, a jornada de estágio será estabelecida em comum acordo entre o(a) estagiário(a) e o Órgão ou Entidade Concedente, com a ciência desta Unidade de Ensino.
4.1 É assegurado ao estagiário o direito de recesso quando preenchidos os requisitos do art. 13, §§ 1º e 2º, da Lei de Estágios.

5. A Concedente designa _____, que ocupa o cargo de _____, para ser o(a) Supervisor(a) Interno(a) do Estágio que será por ele(a) programado.

6. O(A) Estagiário(a) se obriga a cumprir fielmente a programação do estágio, salvo impossibilidade da qual a Concedente será previamente informada.

7. O(A) Estagiário(a) receberá Bolsa de Complementação Educacional de R$ _____ (_____ _____), com pagamento mensal.

8. Quando, em razão da programação do estágio, o aluno tiver despesas extras, a Concedente providenciará o seu pronto reembolso.

9. O(A) Estagiário(a) está segurado(a) contra acidente, pela Apólice de Seguros n. _____ da _____, prazo de vigência com início em _____ e término em _____.

10. O(A) Estagiário(a) se obriga a cumprir as normas e os regulamentos internos da Concedente; pela inobservância dessas normas, o(a) Estagiário(a) responderá por perdas e danos e a rescisão do compromisso.

11. O(A) Estagiário(a) deverá informar de imediato e por escrito à Concedente qualquer fato que interrompa, suspenda ou cancele sua matrícula na Instituição de Ensino Interveniente, ficando ele(a) responsável por quaisquer despesas causadas pela ausência dessa informação.

12. A Instituição de Ensino Interveniente supervisionará o estágio de conformidade com os seus regulamentos internos, ficando o(a) Estagiário(a) sujeito a essa regulamentação, observado o disposto nos arts. 7º, IV, e 9º, VII, da Lei de Estágios.

E, por estarem de acordo com os termos do presente instrumento, as partes o assinam em 3 (três) vias, na presença de duas testemunhas para todos os efeitos de direito.

São Paulo, _____.

Estagiário(a) Concedente

Interveniente
Coordenadoria de Estágio

Encarregado do Setor de Estágio

Testemunhas:

Nome/Assinatura

Nome/Assinatura

TERMO DE CONVÊNIO PARA A REALIZAÇÃO DE ESTÁGIO DE ESTUDANTES

Convênio que entre si celebram _____ e _____, para oferecimento de estágios de estudantes, com fundamento na Lei n. 11.788/2008.
_____, estabelecida à _____,
CEP: _____, inscrita no CNPJ sob n. _____, representada por _____, doravante designada **CONCEDENTE**, e a _____
_____, com sede em _____, inscrita no CNPJ sob n. _____, adiante denominada _____, neste ato representado, resolvem firmar o presente Convênio, nos termos da Lei n. 11.788/2008, mediante as seguintes cláusulas e condições:

Cláusula primeira – Objeto
A Concedente poderá conceder estágio a alunos regularmente matriculados na _____, e que venham frequentando, efetivamente, o curso de _____.

Cláusula segunda – Metas a serem atingidas
O estágio deverá propiciar a complementação do ensino e da aprendizagem, especialmente em _____, a fim de se constituir em instrumento de integração, em termos de treinamento prático, de aperfeiçoamento técnico-cultural, científico e de relacionamento humano.

Cláusula terceira – Obrigações da _____
_____

Compete à _____:

3.1 estabelecer normas e procedimentos para cumprimento do estágio;

3.2 supervisionar o estágio de alunos;

3.3 estabelecer critérios para o credenciamento de seus supervisores;

3.4 analisar e discutir o plano de trabalho desenvolvido pelo estagiário no local de estágio, visando à realização de aprendizado na perspectiva da teoria e da prática;

3.5 encaminhar o estagiário, mediante carta de apresentação, sem a qual não poderá iniciar o estágio.

Cláusula quarta – Obrigações da Concedente
Compete à Concedente:

4.1 proporcionar ao estagiário condições adequadas à execução do estágio;

4.2 garantir ao estagiário o cumprimento das exigências escolares, inclusive no que se refere ao horário de supervisão realizada pela _____;

4.3 proporcionar ao estagiário experiências válidas para a complementação do ensino e da aprendizagem, bem como o material para sua execução, ressalvada a autonomia científica do trabalho desenvolvido;

4.4 aceitar o credenciamento dos supervisores de acordo com a cláusula 3.3;

4.5 garantir aos supervisores credenciados pela _____ a realização da supervisão, se necessária;

4.6 garantir, mediante a participação dos supervisores, orientação quanto ao desenvolvimento do projeto, programa e atividade;

4.7 prestar, oficialmente, todo o tipo de informações sobre o desenvolvimento do estágio e da atividade do estagiário que venham a se fazer necessárias, ou sejam solicitadas pela _____
_____.

Cláusula quinta – Da relação jurídica de estágio

A realização do estágio, por parte do estudante, não acarretará vínculo empregatício de qualquer natureza.

5.1 Fica a critério exclusivo da Concedente o estabelecimento de qualquer forma de contraprestação ao estagiário, a ser definida no Termo de Compromisso, e cujo pagamento lhe será feito diretamente, com base no total mensal de horas de estágio.

5.2 A importância referente à bolsa, por não ter natureza salarial, não se enquadra no regime do FGTS (Fundo de Garantia por Tempo de Serviço) e não sofrerá qualquer desconto, inclusive previdenciário, exceção feita à retenção do imposto de renda na fonte, quando devido.

5.3 O estagiário deverá estar segurado contra acidentes pessoais, cujos custos serão suportados pela Concedente, quando se tratar de estágio remunerado, ou pelo próprio estagiário, nas demais hipóteses, não cabendo responsabilidade à esse título.

Cláusula sexta – Termo de Compromisso

Será firmado, com interveniência obrigatória da _____
_____, Termo de Compromisso que, relativamente a cada estágio, particularizará a relação jurídica especial existente entre o estudante-estagiário e a Concedente, bem como os recursos financeiros destinados a suportar a eventual concessão de bolsa.

6.1 Tanto o estudante-estagiário como a _____, de comum acordo, poderão desistir da realização do estágio, no curso deste, formalizando a desistência.

Cláusula sétima – Vigência

O presente Convênio vigorará por anos, a partir da data da sua assinatura.

Cláusula oitava – Denúncia

O presente Convênio poderá ser denunciado a qualquer momento, por qualquer das partes, mediante comunicação expressa, com antecedência mínima de 30 (trinta) dias.

8.1 Havendo pendências, as partes definirão, através de um Termo de Encerramento do Convênio, as responsabilidades relativas à conclusão dos estágios em curso e demais obrigações.

Cláusula nona – Do Foro

Para dirimir eventuais dúvidas que possam ser suscitadas na execução e interpretação do presente Convênio, fica eleito o foro da Capital de São Paulo, em uma das Varas _____ , com exclusão de qualquer outro, mesmo privilegiado.

E por estarem assim justas e convencionadas, as partes assinam o presente termo em 2 (duas) vias de igual teor e um só efeito.

São Paulo, _____ _____.

Representante legal da Concedente
Diretor da Faculdade

Coordenador de Estágio
Encarregado do Setor de Estágio
Faculdade _____ _____.

Testemunhas:

Nome e RG

Nome e RG

REFERÊNCIAS

BARROS, Verônica Altef. A nova lei de estágio: Lei n. 11.788/08. *Revista LTr* 72-11/1338.

BOUCINHAS FILHO, Jorge Cavalcanti. A nova lei de estágio. *Revista Magister de Direito Trabalhista e Previdenciário*. Porto Alegre, n. 26, p. 93, set./out. 2008.

CARDENAL CARRO, Miguel. *Contratos de trabajo formativos*. Aranzadi: Pamplona, 1997.

CORTÊS, Julpiano Chaves. *O estágio de estudantes na empresa*: comentários à Lei n. 6.494/77 e ao Decreto n. 87.497. São Paulo: LTr, 1984.

DALLEGRAVE NETO, José Affonso. *Inovações na legislação trabalhista*: reforma trabalhista ponto a ponto. São Paulo: LTr, 2002.

DANTAS, Rodrigo Tourinho. Aspectos críticos sobre o direito ao recesso na relação de estágio: uma análise da Lei n. 11.788/08. *Revista do Direito Trabalhista*. Brasília: Consulex, ano 14, n. 12, p. 3, 31 dez. 2008.

DONATO, Messias Pereira. *Curso de direito do trabalho*. 2. ed. São Paulo: Saraiva, 1977.

FERNANDES, Anníbal. Médicos residentes: direitos trabalhistas e previdenciários. *Revista de Direito do Trabalho*, 1979, n. 17.

GONÇALVES, Emílio. *O estudante no direito do trabalho*. São Paulo: LTr, 1986.

_____. *Contrato de trabalho dos médicos e auxiliares no direito brasileiro*. São Paulo: LTr, 1970.

GONÇALVES, Nair Lemos. A pessoa excepcional, o trabalho e a previdência social. *Revista de Direito do Trabalho*, n. 16, 1978.

GOYATÁ, Célio. O contrato de estágio e a cláusula compromissória no Direito do Trabalho. *Revista LTr* 41/1.405.

JOÃO, Paulo Sérgio; MATSUMOTO, Jorge Gonzaga. A nova lei do estágio. *Suplemento Trabalhista LTr* 004/09, p. 15.

MAGANO, Octavio Bueno. *Manual de direito do trabalho*: direito tutelar do trabalho. 2. ed. São Paulo: LTr, 1992. v. 4.

MARTINS, Sergio Pinto. Estágio e relação de emprego, orientador trabalhista mapa fiscal. *Suplemento de Legislação, Jurisprudência e Doutrina*, n. 9/96, p. 449, set. 1996.

_____. Estágio e relação de emprego. Revista IOB Trabalhista e Previdenciária, n.º 235, janeiro de 2009, p. 7; Orientador Trabalhista n.º 11/08, p. 3;

_____. Estágio. Carta Forense, n.º 69, fevereiro de 2009, p. 16;

_____. *Direito do trabalho*. 40. ed. São Paulo: Saraiva, 2024.

_____. *Direito da seguridade social*. 42. ed. São Paulo: Saraiva, 2024.

MAUAD FILHO, José Humberto; SCUSSEL, Marcela Baroni. Nova lei do estagiário: Lei n. 11.788/2008. *Revista Magister de Direito Trabalhista e Previdenciário*. Porto Alegre: Magister, n. 26, p. 91, set./out. 2008.

MAXIMILIANO, Carlos. *Hermenêutica e aplicação do direito*. 8. ed. Rio de Janeiro: Freitas Bastos, 1965.

_____. *Comentários à Constituição Brasileira de 1891*. 3. ed.

MEIRELLES, Hely Lopes. *Direito administrativo brasileiro*. 19. ed. São Paulo: Malheiros, 1994.

MONTEIRO, Carlos Augusto M. de Oliveira. Principais alterações no contrato de estágio. *Suplemento Trabalhista LTr* 150/08, p. 759.

MONTOYA MELGAR, Alfredo. *Derecho del trabajo*. 23. ed. Madri: Tecnos, 2002.

PALMEIRA SOBRINHO, Zéu. O contrato de estágio e as inovações da Lei n. 11.788/2008. *Revista LTr* 72-10/1173.

PEREIRA, Caio Mário da Silva. *Instituições de direito civil*. Rio de Janeiro: Forense, 1990.

SAAD, Eduardo Gabriel. *Consolidação das leis do trabalho comentada*. 10. ed. São Paulo: LTr, 1977.

SANTOS, Juscelindo Vieira dos. *Contrato de estágio*: subemprego aberto e disfarçado. São Paulo: LTr, 2006.

SCHWARZ, Rodrigo Garcia. A nova lei de estágio e os seus desdobramentos. *Suplemento Trabalhista LTr* 141/08, p. 711.

TEMER, Michel. *Elementos de direito constitucional*. 17. ed. São Paulo: Malheiros, 2001.

ÍNDICE REMISSIVO[1]

A
agente de integração, 12
anotação em CTPS, 28
aprendiz, 4
auxílio-transporte, 25

B
bolsa, 22

C
características, 7
classificação, 6
compromisso, 17
concedentes, 10
conceito, 3

D
denominação, 3
distinção, 4
direito estrangeiro, 34

E
empregado, 4
empregado em domicílio, 4
Espanha, 32
espécies de estágio, 14
estagiário, 13
estagiários de Direito, 15
estudantes estrangeiros, 13

F
fiscalização, 28
França, 34

H
histórico, 2

I
instituição de ensino, 9
Itália, 34

J
jornada, 23

L
local do estágio, 18

M
multa, 29

N
natureza jurídica, 5
necessidade de monitoramento, 20
necessidade de regulamentação, 33
número máximo de estagiários, 11

P
prazo, 21
prorrogação de estágios anteriores, 31

R
recesso, 24

---
1. Os números referem-se aos capítulos.

requisitos, 7

requisitos para a configuração do estágio, 19

residência médica, 16

S

segurança e saúde no trabalho, 27

segurado da Previdência Social, 32

seguro, 26

sistemas de ensino, 14

T

trabalho em condições gravosas, 27

V

vantagens e desvantagens, 8

ANOTAÇÕES